Lydia Bauer   Diane et Mercure

Romanistik, Band 11

Lydia Bauer

Diane et Mercure

L'alchimie à l'œuvre dans
La Chartreuse de Parme de Stendhal

Verlag für wissenschaftliche Literatur

Illustration de couverture :
Camera dell'Aurora, volta (Chambre de l'Aurore, voûte), Palais Farnèse de Caprarola.
Avec l'aimable autorisation de la Soprintendenza per i Beni Architettonici e Paesaggistici
per le Province di Roma, Frosinone, Latina, Rieti e Vierbo. Prot. N. 06568, 25.02.2013.
Photo E. Ciavoni.

ISBN 978-3-86596-505-9
ISSN 1860-1995

© Frank & Timme GmbH Verlag für wissenschaftliche Literatur
Berlin 2013. Alle Rechte vorbehalten.

Das Werk einschließlich aller Teile ist urheberrechtlich geschützt.
Jede Verwertung außerhalb der engen Grenzen des Urheberrechts-
gesetzes ist ohne Zustimmung des Verlags unzulässig und strafbar.
Das gilt insbesondere für Vervielfältigungen, Übersetzungen,
Mikroverfilmungen und die Einspeicherung und Verarbeitung in
elektronischen Systemen.

Herstellung durch das atelier eilenberger, Taucha bei Leipzig.
Printed in Germany.
Gedruckt auf säurefreiem, alterungsbeständigem Papier.

www.frank-timme.de

Table des Matières

Préface 7
I. Introduction 15
   1. La Chambre de Saint-Paul à Parme 20
   2. Gina – Giovanna – Diane 25
   3. La symbolique alchimique 29
   4. La famille Farnèse 32
II. Une interprétation alchimique de *La Chartreuse de Parme* 35
   1. L'alchimie 39
   2. L'alchimie et les arts 47
   3. Les connaissances secrètes dans la *Chartreuse de Parme* 56
   4. Le cycle de la vie – les Parques 62
   5. Diane – Luna – Hécate 67
   6. L'*Anima* – psychopompe 77
   7. Fabrice – Mercure 79
   8. Autres personnifications de Mercure 88
   9. L'abbé Blanès – Saturne 92
   10. L'observatoire de l'abbé Blanès : un laboratoire alchimique ? 96
   11. La tour Farnèse – un athanor 100
   12. La famille Farnèse 107
   13. Le palais Farnèse à Caprarola 110
   14. Fabrice l'adepte 115
   15. L'*Œuvre au noir* : Le chaos 117

16.	L'*Œuvre au blanc* : le meurtre de Giletti............	122
17.	L'*Œuvre au rouge* : Le mariage chimique............	124
17.1	L'eau et le feu...	125
17.2	La fontaine mercurielle et l'alcool	131
18.	Le Grand Œuvre et la tour Farnèse.....................	133
18.1	L'évasion	142
18.2	L'inceste	151
18.3	La pierre philosophale.....................................	159
18.4	Le jardin des Hespérides..................................	163
18.5	Le parallèle entre la pierre philosophale et le Christ	165

III. Digression : *Armance ou quelques scènes d'un salon de Paris en 1827* 169

1.	Octave – le *Mercure des philosophes*.................	173
2.	La thématique de l'inceste................................	176
3.	Le cycle de la vie...	181
4.	La pierre philosophale – le *rebis*	187
5.	Pierre Gerlat	197

Mot de la fin 201

Bibliographie 205

Table des Illustrations.. 225

Préface

Tous les auteurs, à cause de la grandeur des secrets, cachent la science d'alchimie par des mots et des opérations métaphoriques et figuratifs[1].

L'œuvre de Stendhal ne laisse pas de fasciner ses lecteurs. Son roman *La Chartreuse de Parme* notamment s'avère à chaque lecture toujours plus énigmatique. De nombreux détails semblent ainsi n'avoir aucun sens logique, à l'instar des descriptions fort détaillées de la prison de Fabrice ou de son évasion de la tour Farnèse. Et pourtant, ces détails sont tellement étranges qu'il semble peu probable qu'ils soient le seul fait d'une décoration gratuite du texte. Le fait que Stendhal abhorrait les longues descriptions et plaidait pour un langage clair et simple semble aller à l'encontre de l'argument selon lequel il ne s'agirait que d'un simple effet de style. De plus, certains éléments apparaissent de manière récurrente non seulement dans *La Chartreuse de Parme* mais également dans d'autres textes de l'auteur. Si les travaux des Stendhaliens, notamment les interprétations symboliques et

---

[1] *La Table d'émeraude* commentée par Roger Bacon, dans : Hermès Trismégiste, *La Table d'émeraude*, Paris, Les Belles Lettres, 1995, p. 25, cité par Philippe Roy, *L'hermétisme. Philosophie et tradition*, Lyon, Éditions du Cosmogone, 2000, pp. 60-61.

mythologiques de Gilbert Durand[2], Michael Nerlich[3] et de beaucoup d'autres apportent quelques réponses, de nombreux passages de *La Chartreuse de Parme* n'en restent pas moins énigmatiques. Se pose alors la question de savoir comment relier entre elles les différentes analyses du roman.

À la lecture de la *Chartreuse de Parme*, on ne peut omettre de noter l'abondance des matières minérales, métalliques et organiques. La passion de Ranuce Ernest pour la minéralogie interpelle tout autant le lecteur que la présence en filigrane dans le texte de diamants, d'argent, d'or, de cuivre, de fer et de plomb ainsi que de marronniers, noyers et orangers. Sans oublier de mentionner les divers poisons[4] qui jalonnent le récit : Ranuce Ernest succombe à du vert-de-gris, Fabio Conti est empoisonné avec du laudanum et Fabrice quant à lui craint, dans sa prison, d'être empoisonné à l'arsenic. Si la recherche de signification de chaque élément pris isolément ne mène à aucun résultat satisfaisant, en revanche la combinaison de tous ces éléments semble nous guider vers un point convergent : l'alchimie. Se pose alors la question suivante : le roman *La Chartreuse de Parme* représenterait-il un laboratoire alchimique ?

Philippe Roy souligne la nécessité de posséder des clés de compréhension pour accéder à une œuvre alchimique :

---

[2] Gilbert Durand, *Le décor mythique de la Chartreuse de Parme. Les structures figuratives du roman Stendhalien*, Paris, Librairie José Corti, 1961.

[3] Michael Nerlich, *Apollon et Dionysos ou la science incertaine des signes. Montaigne, Stendhal, Robbe-Grillet. Essai sur l'herméneutique à partir du corps vivant et l'aventure de la production esthétique*, Marburg, Hitzeroth, 1989.

[4] Cf. Ernest Abravanel, « Le thème du poison dans l'œuvre de Stendhal », dans : *Première journée du Stendhal Club*, Lausanne, Éditions du Grand-Chêne, 1965, pp. 7-17.

On accède à la compréhension de l'Œuvre alchimique en possédant d'abord les clefs. *Ces clefs de compréhension s'acquièrent éventuellement par transmission directe mais il est souvent répété que l'étude assidue des textes (autorisés) peut les dévoiler. Le jeu de la cryptographie prétend naturellement que les clefs sont cachées derrière le symbolisme et l'expression écrite*[5].

La première clé, présente dans la *Chartreuse de Parme* elle-même, est celle qui donne accès à la Chambre de Saint-Paul à Parme (*Camera di San Paolo*) ; une salle peinte à fresque par le Corrège entre 1518 et 1519, située dans l'ancien couvent des sœurs bénédictines Saint-Paul à Parme. Ces fresques – aussi magnifiques qu'énigmatiques – représentent des figures mythologiques regroupées autour d'une image de la déesse Diane, elle-même placée au-dessus de la cheminée de la salle. Cette image a été interprétée par des historiens de l'art comme étant un portrait de l'abbesse du couvent, Giovanna de Plaisance, qui chargea le Corrège de la décoration de la salle.

Une deuxième clé à même de venir alimenter notre analyse provient d'une interprétation assez récente de Michele Frazzi portant sur la dimension alchimique de la Chambre de Saint-Paul[6]. Si l'on ne peut affirmer avec certitude que Stendhal, lors de sa visite, ait perçu toute la portée de la symbolique alchimique de cette salle – laquelle n'a été mise en lumière qu'au XXIe siècle –, il semble peu probable qu'il n'ait pas remarqué l'Ouroboros dans l'antichambre ainsi que dans la salle voisine peinte par Alexandre Araldi (*La Camera dell'Araldi*)[7]. De plus, Stendhal a sans aucun

---

[5] Philippe Roy, *L'hermétisme. Philosophie et tradition*, op. cit., p. 61.
[6] Michele Frazzi, *Correggio. La Camera Alchemica. The Alchemic Camera*, « Fondazione Il Correggio », 2004.
[7] Cf. ibid., p. 127 ; Erwin Panofsky, *The iconography of Correggio's Camera di San Paolo*, London 1961, p. 8.

doute vu les textes cryptiques situés au-dessus des cheminées des deux salles ainsi que sur les portes de l'antichambre de la chambre peinte par le Corrège et qui sert aujourd'hui d'entrée[8]. Malgré sa fascination pour la peinture du Corrège et notamment pour sa contribution au couvent de Saint-Paul, Stendhal a très largement gardé le silence sur ces fresques. Pourtant, dans *La Chartreuse de Parme*, il ne manque pas de mentionner le couvent qui les abrite ; il le fait implicitement en indiquant l'adresse de ce couvent, invitant ainsi le lecteur curieux à se laisser guider vers cette salle réservée aux initiés.

Il existe un autre bâtiment dont Stendhal ne parle qu'implicitement dans *La Chartreuse de Parme* et qui a fait l'objet d'une analyse de Dieter Diefenbach[9] : le Palais Farnèse de Caprarola. Les villes de Parme et de Caprarola sont liées à l'histoire de la famille Farnèse. Comme la Chambre de Saint-Paul à Parme, le Palais Farnèse de Caprarola abrite des fresques empreintes de symbolique alchimique.

Ces premières découvertes ne peuvent qu'inciter le chercheur à une relecture de la *Chartreuse de Parme* ainsi qu'à l'étude de la littérature alchimique et hermétique et avant tout, à l'étude des œuvres scientifiques portant sur l'alchimie de Helmut Gebelin[10], Carl Gustav Jung[11], Claus Priesner et Karin Figala[12], Philippe

---

[8] Pour les textes cryptiques cf. ibid., pp. 6-14.

[9] Dieter Diefenbach, *Stendhal und die Freimaurerei. Die literarische Bedeutung seiner Initiation*, Tübingen, Gunter Narr Verlag, 1991.

[10] Helmut Gebelein, *Alchemie*, München, Eugen Diederichs Verlag, 1991.

[11] Carl Gustav Jung, *Psychologie et alchimie*, traduit de l'allemand et annoté par Henry Pernet et le docteur Roland Cahen, Paris, Buchet/Chastel, 2004.

[12] Claus Priesner / Karin Figala (éds.), *Alchemie: Lexikon einer hermetischen Wissenschaft*, München, Verlag C. H. Beck, 1998.

Roy[13] et Hans-Werner Schütt[14]. Lors de cette première approche, l'idée de départ sous-tend que, du fait de son appartenance à la franc-maçonnerie, Stendhal était familiarisé avec la symbolique alchimique, compte tenu par ailleurs que l'alchimie perdura dans le cercle des sociétés secrètes et des mouvements religieux après l'éclosion des sciences exactes[15]. En outre, force est de constater que de nombreux textes littéraires de la fin du XVIIIe et du début du XIXe siècles étaient marqués par ce langage symbolique et cryptique. C'est entre autres le cas des œuvres de Goethe et de Heinrich von Kleist. En ce qui concerne ce dernier, il est difficile de savoir si Stendhal connaissait ses nouvelles mais les correspondances littéraires du point de vue de la symbolique alchimique n'en sont pas moins surprenantes. Les travaux portant sur l'aspect alchimique des œuvres de ces auteurs sont assez récents. Ce regain d'intérêt pour l'alchimie et la magie s'explique sans doute par le rapprochement des sciences humaines et des sciences naturelles qui s'opère actuellement dans le monde universitaire allemand.

Quoi qu'il en soit, presque tous les auteurs constatent que l'alchimie fut longtemps ignorée ou reléguée au rang d'« ésotérisme » et cela, bien que cette science appartînt jusqu'au XVIIe siècle au canon courant. C'est au cours du siècle des Lumières que commença selon Carl Gustav Jung le déclin de l'alchimie :

Lentement, au cours du XVIIIe siècle, l'alchimie a péri par sa propre obscurité. Sa méthode d'explication : « obscurum per

---

[13] Philippe Roy, *L'hermétisme. Philosophie et tradition*, op. cit.
[14] Hans-Werner Schütt, *Auf der Suche nach dem Stein der Weisen. Die Geschichte der Alchemie*, München, Verlag C. H. Beck, 2000.
[15] Antonio Clericuzio, « Alchemie, neuzeitliche », dans : Claus Priesner / Karin Figala (éds.), *Alchemie: Lexikon einer hermetischen Wissenschaft*, op. cit., p. 34.

obscurius, ignotum per ignotius » *(l'obscur par le plus obscur, l'inconnu par le plus inconnu)* était incompatible avec l'esprit de recherche de l'ère des lumières, et plus particulièrement avec l'apparition d'une chimie à caractère scientifique[16].

Si quelques Stendhaliens crurent déceler des traces « ésotériques » dans l'œuvre de Stendhal, ils ne suivirent pas cette piste plus avant. René Servoise pose ainsi la question de la nécessité d'une « lecture au second degré » de *La Chartreuse de Parme*[17], Michel Crouzet fait allusion à la présence du poison et de la magie dans le roman[18] et Michael Nerlich renvoie à la ressemblance des symboles présents dans *La Chartreuse de Parme* avec ceux des cartes du tarot égyptien[19]. Comme Christopher W. Thompson[20], Nerlich fait référence à l'ésotérisme, qu'il ne juge cependant pas très utile : « Je suis certes convaincu que la recherche trouvera des „ sources " à la pensée du Stendhal de *la Chartreuse* dans la littérature ésotérique et maçonnique de l'époque, mais je ne pense pas que ce soit là l'essentiel de l'œuvre de Stendhal en général ou de *la Chartreuse de Parme* en particulier[21]. » Or, l'on peut considérer que c'est justement l'alchimie qui confirme l'interprétation

---

[16] Carl Gustav Jung, *Psychologie et alchimie*, op. cit., p. 297.

[17] René Servoise, « Le merveilleux dans la *Chartreuse de Parme* », dans : *Revue d'Histoire Littéraire de la France*, novembre-décembre 1999, 99ème année, n°6, p. 1192.

[18] Michel Crouzet, *Le roman stendhalien. La Chartreuse de Parme*, Orléans, Paradigme, 1996, p. 261.

[19] Michael Nerlich, *Apollon et Dionysos ou la science incertaine des signes*, op. cit., p. 321.

[20] Christopher W. Thompson, *Le jeu de l'ordre et de la liberté dans « La Chartreuse de Parme »*, Aran, Éditions du Grand-Chêne, 1982, p. 43.

[21] Michael Nerlich, *Apollon et Dionysos ou la science incertaine des signes*, op. cit., p. 321.

mythologique de Nerlich. Pierre Alain Bergher[22], Annie Collet[23] et Dieter Diefenbach[24] quant à eux se focalisent trop exclusivement sur la franc-maçonnerie et sur le carbonarisme sans prendre en considération le contexte global de l'alchimie.

La présente approche, qui propose une lecture alchimique de la *Chartreuse de Parme* de Stendhal, est inédite. Pourtant, ce livre n'aurait pas été possible sans les nombreuses analyses des Stendhaliens, portant entre autres sur l'intertextualité, la mythologie, la peinture, le style et la symbolique de l'œuvre stendhalienne. C'est à eux tous que j'adresse mes remerciements. Je remercie particulièrement Michael Nerlich qui a attiré mon attention sur Stendhal et m'a inspiré la passion que j'ai éprouvée pour cet auteur dès le commencement de mes études à l'Université Technique de Berlin. Ce sont surtout ses recherches portant sur les structures mythologiques de *La Chartreuse de Parme* ainsi que ses analyses comparées avec l'œuvre de Goethe qui ont inspiré mes propres recherches. Ou, autrement dit, *Diane et Mercure* n'aurait probablement pas été possible sans *Apollon et Dionysos*.

Il me reste à remercier les personnes qui m'ont aidée à rendre cette publication possible, Claire Laurin et Sabine Prudent pour leur excellent lectorat, et Susanne Gloger pour l'intensité et la richesse de nos nombreuses discussions. *Last but not least,* c'est grâce au précieux et ineffable soutien moral de mon mari

---

[22] Pierre Alain Bergher, *Les mystères de La Chartreuse de Parme. Les arcanes de l'art*, Paris, Gallimard, 2010.

[23] Annie Colet, « Nuit et lumière dans l'œuvre romanesque de Stendhal. L'influence du romantisme italien », dans : *Stendhal et le romantisme. Actes du XVe congrès international stendhalien* (Mayence 1982), textes recueillis par Victor Del Litto et Kurt Ringger avec la collaboration de Mechtild Albert et Christof Weiand, Aran, Éditions du Grand Chêne, 1984, pp. 299-308.

[24] Dieter Diefenbach, *Stendhal und die Freimaurerei. Die literarische Bedeutung seiner Initiation*, op. cit.

Peter Waibel, à nos longues conversations fructueuses sur l'œuvre de Stendhal et à son aide pour la mise en page et la réalisation finale de ce texte que ce livre a pu prendre forme. C'est à lui que je dédie ce texte.

I. Introduction

Aujourd'hui encore, *La Chartreuse de Parme* ne cesse d'être source de questionnement. À chaque lecture surgissent de nouveaux passages énigmatiques. Selon Honoré de Balzac, bon nombre de passages du roman seraient superflus et auraient dû être supprimés[1]. Il lui manquait la clé du roman et cela, bien que Stendhal l'ait mise directement sous nos yeux. Pour bien saisir le roman, il suffit de prendre le texte au pied de la lettre. La première chose que Fabrice ait l'intention de faire en arrivant à Parme, c'est de voir les tableaux qui s'y trouvent : « [...] j'irai voir les beaux tableaux de Parme [...][2]. »

Ainsi la peinture revêt une grande importance dans *La Chartreuse de Parme*, ce que Stendhal confirme lui-même en écrivant à Balzac qu'il a peint la Sanseverina d'après le Corrège[3].

---

[1] Honoré de Balzac, « Études sur M. Beyle (Frédéric Stendalh [sic]) », dans : Honoré de Balzac, *Œuvres complètes*, t. XXVIII, Paris, Guy Le Prat, 1963, p. 233.

[2] Stendhal, « La Chartreuse de Parme », dans : Stendhal, *Romans et nouvelles*, t. II, texte établi et annoté par Henri Martineau, Paris, Gallimard, Bibliothèque de la Pléiade, 1952, p. 101.

[3] Lettre de Stendhal à Honoré de Balzac, 16 octobre 1840 : « Je vous dirai une absurdité : beaucoup de passages de la duchesse Sanseverina sont copiés du Corrège. » (Stendhal, *Correspondance générale*, t. VI (1837-1842), Edition Victor Del Litto avec la collaboration d'Elaine Williamson, de Jacques Houbert et de Michel-E. Slatkine, Paris, Librairie Honoré Champion, 1999, pp. 404-405) ; lettre de Stendhal à Honoré de Balzac, 17-28 octobre 1840 : « Par exemple tout le personnage de la duchesse Sanseverina est copié du Corrège (c'est-à-dire produit sur mon âme le même effet que le Corrège). » (Ibid., p. 408) ; lettre de Stendhal à Honoré de Balzac, 28-29 octobre 1840 : « La duchesse est copiée du Corrège. » (Ibid., p. 410.)

Comme le souligne Philippe Berthier, Stendhal nous a donné, à travers cette remarque, une clé de *La Chartreuse de Parme*[4]. Il faut ajouter que celui-ci ne se contente pas de nous fournir une clé de compréhension, mais guide nos pas jusque devant la porte. C'est la « petite porte qui porte le numéro 19, dans la rue Saint-Paul[5] » à Parme. Dans le roman, cette porte donne accès au jardin du palais du marquis de Crescenzi et à partir de là, au palais lui-même dont le lecteur a déjà appris que les plafonds sont peints à fresque[6].

En réalité, à l'époque de Stendhal, on trouvait derrière ce mur de la rue Saint-Paul (*Traiolo di San Paolo*, aujourd'hui *Borgo P. Giordani, 5*) le jardin du couvent des sœurs bénédictines de Saint-Paul (ill. 1 ; ill. 2). Si nous ouvrons la porte, traversons le jardin et entrons dans l'ancien couvent, nous arrivons dans une salle qui, par ordre de l'abbesse Giovanna de Plaisance, fut peinte à fresque par le Corrège. Nous y trouvons diverses divinités grecques. Au milieu de cette salle, au-dessus de la cheminée, le Corrège a fait le portrait de l'abbesse elle-même en Diane, déesse de la chasse (ill. 3).

---

[4] « En déclarant à Balzac qu'avec la Sanseverina il avait essayé de rendre des effets corrégiens, Stendhal donne évidemment une des clefs de l'ouvrage […]. » (Philippe Berthier, « Fabrice ou l'amour peintre », dans : Sybil Dümchen / Michael Nerlich (éds.), *Stendhal. Image et texte / Text und Bild*, Tübingen, Gunter Narr Verlag, 1994, p. 175.) Berthier renvoie aux parallèles entre le style de Stendhal et les techniques de peinture du Corrège (cf. également : Philippe Berthier, *Stendhal et ses peintres italiens*, Genève, Librairie Droz, 1977) ainsi qu'à l'économie de la description : par la comparaison des figures romanesques avec des portraits peints du Corrège, Stendhal évite des descriptions foisonnantes (Philippe Berthier, « Fabrice ou l'amour peintre », op. cit., p. 178.) À notre avis, il s'agit également d'une indication de Stendhal, qui invite le lecteur à chercher la clé de compréhension non seulement dans le texte mais également dans les peintures du Corrège.

[5] Stendhal, « La Chartreuse de Parme », op. cit., p. 487.

[6] Cf. ibid., p. 399.

Pourquoi Stendhal indiquerait-il cette adresse précise si ce n'est pour attirer l'attention du lecteur sur ce couvent[7] ?

Parmi les travaux parus sur Stendhal et la peinture dans *La Chartreuse de Parme* ainsi que sur l'influence de l'art du Corrège sur l'œuvre stendhalienne, nous voudrions nommer surtout les analyses poussées de Philippe Berthier[8], Michel Crouzet[9], Richard Coe[10] et Victor Del Litto[11]. Pourtant, si la Chambre de Saint-Paul y est mentionnée pour renvoyer à l'art du Corrège, les fresques quant à elles ne font pas l'objet d'une observation détaillée.

---

[7] Rainer Warning mentionne également l'union de Clélia et de Fabrice dans la Chambre de Saint-Paul mais sans approfondir la question de savoir pourquoi Stendhal renvoie à cette salle peinte par le Corrège : « Weshalb legt Stendhal so großen Wert darauf, den Palazzo Crecenzi an diese Straße grenzen zu lassen? Nun, weil das ehemalige Benediktinerinnen-Kloster von San Paolo eine Wirkungsstätte Correggios war. […] Clélia und Fabrice vereinigen sich im nächtlichen Dunkel der Camera di San Paolo unter den Fresken Correggios, sie vereinigen sich in der Camera del Correggio, 1518 in Auftrag gegeben von der Äbtissin Giovanna Piacenza. » (Rainer Warning, « Die italienische Malerei in den Romanen Stendhals », dans : Rainer Warning, *Die Phantasie der Realisten*, München, Wilhelm Fink Verlag, 1999, pp. 148-149.)

[8] Philippe Berthier, *Stendhal et ses peintres italiens*, op. cit. ; Philippe Berthier, « Balzac et *La Chartreuse de Parme*, roman corrégien », dans : Victor Del Litto (éd.), *Stendhal et Balzac*. Actes du VIIe congrès international stendhalien, Aran, Éditions du Grand Chêne, 1972, pp. 157-177 ; Philippe Berthier, « Fabrice ou l'amour peintre », op. cit., pp. 175-185.

[9] Michel Crouzet, *Le naturel, la grâce et le réel dans la poétique de Stendhal*, Paris, Flammarion, 1986, pp. 167-222.

[10] Richard N. Coe, « Du Corrège à la lutte des classes. L'idéal de la grâce dans la pensée de Stendhal », dans : Victor Del Litto (éd.), *Stendhal et Balzac*, op. cit., pp. 105-117.

[11] Victor Del Litto, « Stendhal et le Corrège », dans : Victor Del Litto (éd.), *Essais et articles stendhaliens. Recueil de textes publiés au cours de quarante ans de stendhalisme*, avec des introductions de Pierre-Georges Castex, Georges Dethan et Ernest Abravanel et une bibliographie, Genève-Paris, Éditions Slatkine, 1981, pp. 321-335.

Les travaux portant sur la structure mythologique de *La Chartreuse de Parme* nous offre également une approche intéressante, en premier lieu, les interprétations audacieuses du roman de Gilbert Durand[12], Michael Nerlich[13] et Jean Petitot[14]. Mais les représentations des figures mythologiques de la Chambre de Saint-Paul n'y sont pas non plus mentionnées. Le fait que Stendhal fut inspiré par des figures et des histoires mythologiques est indéniable. Mais pourquoi eut-il recours à la mythologie ? S'agissait-il pour lui seulement d'exprimer sa fascination pour les œuvres d'Ovide, de Jean de La Fontaine ainsi que sa passion pour les sculptures antiques ? Voulait-il réécrire la *Pharsalia*[15] ? Selon nous, la structure mythologique de *La Chartreuse de Parme* s'explique par les fresques du Corrège. La première clé de l'ouvrage que *Clé*lia porte déjà dans son nom se trouve à Parme, dans la Chambre de Saint-Paul.

Retournons donc à Parme. Pourquoi Stendhal choisit-il cette ville comme lieu d'action de son roman ? Pourquoi n'opta-t-il pas pour Modène, comme Honoré de Balzac le lui suggéra[16] ? Stendhal désignait Parme comme une ville « assez plate » mais n'en était pas moins impressionné par les fresques du Corrège. En 1816, il écrit à propos de ces fresques dans *Rome, Naples et Florence* :

> *Reggio, 19 décembre 1816.* – *Les fresques sublimes du Corrège m'ont arrêté à Parme, d'ailleurs ville assez plate. [...] Que dire*

---

[12] Gilbert Durand, *Le décor mythique de la Chartreuse de Parme*, op. cit.

[13] Michael Nerlich, *Apollon et Dionysos ou la science incertaine des signes*, op. cit..

[14] Jean Petitot, « Waterloo : mythe, scène et décor dans *La Chartreuse de Parme* », dans : Sybil Dümchen / Michael Nerlich (éds.), *Stendhal. Image et texte / Text und Bild*, op. cit., pp. 213-270.

[15] Michael Nerlich, *Stendhal*, Reinbek bei Hamburg, Rowohlt Taschenbuch Verlag, 1993, p. 110.

[16] Honoré de Balzac, « Études sur M. Beyle (Frédéric Stendalh [sic]) », op. cit., p. 205.

des fresques du couvent de San Paolo ? Peut-être que, qui ne les a pas vues, ignore tout le pouvoir de la peinture. Les figures de Raphaël ont pour rivales les statues antiques. Comme l'amour féminin n'existait pas dans l'antiquité, le Corrège est sans rival. Mais, pour être digne de le comprendre, il faut s'être donné des ridicules au service de cette passion. Après les fresques, toujours bien plus intéressantes que les tableaux, *je suis allé revoir, au nouveau musée bâti par Marie-Louise, le Saint-Jérôme et les autres chefs-d'œuvre jadis à Paris*[17].

Et encore :

Le Corrège a la grâce séduisante, le clair-obscur, les raccourcis ; son âme était faite pour réinventer l'antique ; mais il l'a peu imité. Ses tableaux, chefs-d'œuvre de volupté, sont à Dresde et à Parme[18].

En résumé, nous pouvons dire que Stendhal connaissait les fresques de Saint-Paul qu'il préférait même aux peintures du Corrège et que ces chefs-d'œuvre de volupté[19] et de grâce célébrant l'amour et la tendresse le fascinaient. Pourrions-nous y voir éventuellement

---

[17] Stendhal, *Voyages en Italie*, textes établis, présentés et annotés par Victor Del Litto, Éditions Gallimard, 1973, p. 388. Nous soulignons.

[18] Ibid., p. 87.

[19] Cf. Maurice Barrès, « L'automne à Parme », « Journal », 13 octobre 1903 : « Je sais bien pourquoi c'est dans Parme que Stendhal a situé son roman. Souvent était-il venu ici admirer la volupté du Corrège, qu'il devait sentir avec une extrême vivacité, lui qui savait jouir de l'opéra italien ; et, dans son esprit, le nom de Parme restait lié à cette recherche du bonheur dans des sentiments tendres qu'exprime uniquement ce grand peintre et à laquelle lui-même se préparait à dédier cet hymne immoral et passionné *La Chartreuse*. » (cité par Victor Del Litto, « Stendhal et le Corrège », op. cit., pp. 330-331.)

une explication au fait que Fabrice ne connaît l'amour qu'après s'être rendu à Parme ?

1. La Chambre de Saint-Paul à Parme

L'analyse de la Chambre de Saint-Paul soulève tout autant d'interrogations que celle de *La Chartreuse de Parme*. Parmi les travaux concernant le programme iconographique de cette salle, il faut nommer par ordre alphabétique ceux de Francesco Barocelli[20], Michele Frazzi[21], Ernst Gombrich[22], Oskar Hagen[23], Roberto Longhi[24], Pier P. Mendogni[25], Erwin Panofsky[26], Giancarla Periti[27]

---

[20] Francesco Barocelli, « Il Correggio nel monastero di San Paolo e l'umanesimo monastico di Giovanna Piacenza », dans : Francesco Barocelli (éd.), *Il Correggio nella Camera di San Paolo*, Milano 2010, pp. 223-365.

[21] Michele Frazzi, *Correggio. La Camera Alchemica*, op. cit.

[22] Ernst Hans Gombrich, « Topos and Topicality in Renaissance Art », dans : http://gombricharchive.files.wordpress.com/2011/04/showdoc21.pdf (dernière consultation : 06.04.2012)

[23] Oskar Hagen, « La Camera di San Paolo a Parma. Considerazioni sul rapporto tra la pittura e l'architettura del Correggio », dans : Francesco Barocelli (éd.), *Il Correggio nella Camera di San Paolo*, op. cit., pp. 119-127.

[24] Roberto Longhi, « Il Correggio e la Camera di San Paolo », dans : Francesco Barocelli (éd.), *Il Correggio nella Camera di San Paolo*, op. cit., pp. 129-163.

[25] Pier Paolo Mendogni, *Il Correggio e il monastero di San Paolo*, Parma, PPS Editrice, 1996.

[26] Erwin Panofsky, *The iconography of Correggio's Camera di San Paolo*, op. cit.

[27] Giancarla Periti, « Enigmatic beauty: Correggio's Camera di San Paolo », dans : Giancarla Periti (éd.), *Drawing Relationships in Northern Italian Renaissance Art. Patronage and Theories of Invention*, 2004, pp. 153-176.

et Gherardo de' Rossi[28]. Stendhal doit avoir eu connaissance d'au moins trois descriptions de la Chambre de Saint-Paul. Tout d'abord, celle d'Ireneo Affò, *Il Ragionamento sopra una stanza dipinta dal Correggio nel monastero di monache benedettine di S. Paolo a Parma* (1794), dont il dit avoir emprunté le texte[29]. Ensuite, celle de Luigi Lanzi, la *Storia Pittorica dell' Italia* (1792-1796). Notons ici que, si Victor Del Litto doute que Stendhal ait connu le texte d'Affò, nous pouvons être absolument certains qu'il avait une bonne connaissance du livre de Lanzi, puisqu'il s'en est servi entre autres pour la rédaction de sa propre *Histoire de la peinture en Italie*[30]. C'est également le cas du troisième texte, le *Voyage dans le Milanais, à Plaisance, Parme, Modène, Mantoue, Crémone, et dans plusieurs autres villes de l'ancienne Lombardie* (1817) d'Aubin-Louis Millin. Stendhal s'inspira de ce livre pour ses propres *Voyages en Italie* autant que pour *La Chartreuse de Parme*[31].

La Chambre de Saint-Paul se trouve dans l'ancien couvent des sœurs bénédictines Saint-Paul à Parme qui fut fondé au XIe siècle. Son apogée aura lieu aux XVe et XVIe siècles sous les abbesses Cecilia, Orisina et Giovanna de Plaisance[32]. Cette dernière chargea le Corrège de la décoration de sa salle à manger. Les fresques de cette salle – ici nommée la Chambre de Saint-Paul – furent la

---

[28] Gherardo de' Rossi, « Pitture di Antonio Allegri detto il Correggio esistenti in Parma nel Monistero di S. Paolo », dans : Francesco Barocelli (éd.), *Il Correggio nella Camera di San Paolo*, op. cit., pp. 105-117.

[29] Stendhal, *Voyages en Italie*, op. cit., p. 333.

[30] Cf. Paul Arbelet, *L'histoire de la peinture en Italie et les plagiats de Stendhal*, Genève, Slatkine, 2001.

[31] Cf. Luigi Foscolo Benedetto, *La Parma di Stendhal*, nuova edizione a cura di Riccardo Massano, Milano, Adelphi Edizioni, 1991, pp. 402-428.

[32] Cf. Erwin Panofsky, *The iconography of Correggio's Camera di San Paolo*, op. cit., pp. 1-2.

première commande importante faite à l'artiste. Pour donner une idée de la salle, voici un extrait de la description de Millin :

La chambre qui renferme ce trésor est carrée : au milieu d'une des faces est une grande cheminée. Notre illustre artiste l'a décorée d'une Diane de grandeur naturelle ; la déesse est assise de côté au milieu des nuages, dans un char, orné de ciselures. Elle revient de la chasse, et va dans l'Olympe reprendre sa place parmi les Dieux ; une grâce pudique règne sur son visage qui est d'une beauté parfaite. Ses cheveux blonds, au milieu desquels brille le croissant, flottent négligemment sur son arc et sur le carquois qu'elle porte attaché à ses épaules ; d'une main elle retient son voile bleu que soulève le vent, et de l'autre elle guide les deux charmantes biches, d'une blancheur éclatante, qui la conduisent. On lit en latin sur la cheminée, l'énergique et prudent adage de Plutarque, qui conseille de ne point attiser le feu avec une épée.
Cette belle peinture est la seule qui soit sur les murs de cette chambre ; mais l'ingénieuse fantaisie d'Antonio s'est exercée à en décorer la frise et le plafond : la naissance de la voûte est entourée d'une bande de plâtre en relief ; un listel la sépare d'une frise où le peintre a distribué seize consoles, également espacées, trois de chaque côté, et une à chaque angle ; ces consoles sont ornées des têtes de béliers, et entr'elles pendent des draperies, chargées de bassins et de vases, dont les formes sont variées ; seize nervures posent sur les consoles et se réunissent à la clef de la voûte : ces nervures paroissent être des appuis auxquels est attaché un berceau couvert d'une riche vigne, et à travers lequel on découvre l'azur des cieux. La clef est entourée d'une couronne d'or : dans son centre sont les chiffres et l'écusson de l'abbesse, surmontés d'une crosse, signe de sa dignité. Des dieux et des déesses sont peints en camaïeu dans les seize

lunettes, c'est-à-dire demi-cercles qui sont à la naissance de la voûte ; leur contour est orné de petites coquilles appelées pétuncles, et leur fond est en clair-obscur. Au-dessus de ces lunettes est une suite de seize médaillons, de forme ovale, entourés de guirlandes de fruits. Antonio a placé dans ces ovales les groupes des petits génies qui forment le cortège de Diane, et dont il a gracieusement représenté les jeux. [...]
Le nombre des génies diffère : un ovale en contient quatre, d'autres trois ; mais en général il n'y en a que deux dans chaque ovale : les sujets sont agréablement variés ; l'un aide son camarade à prendre son essor pour revoler vers l'Olympe ; d'autres, occupés de ce qui plaît à leur déesse, tiennent sa lance, son arc et son carquois, et caressent ses chiens qui paroissent pleins d'ardeur. Quelques-uns de ces génies sonnent du cor, tandis que d'autres paroissent attentifs au bruit qui les appelle, et que d'autres élèvent comme en trophée un bois de cerf.
Les peintures des lunettes sont en grisaille et dénuées des charmes du coloris, mais elles ne cèdent en rien pour la beauté à celles des ovales. Les figures n'ont qu'un pied de haut : l'auteur a été obligé de cacher les pieds de quelques-unes, et de dessiner quelques têtes en raccourci.
Ces figures représentent différentes divinités, la Fortune, Minerve, les Grâces, Adonis et Endymion, vus de face et absolument nus, Bonus Eventus, la Terre, Junon suspendue dans l'espace avec une enclume à ses pieds, une Prêtresse offrant un sacrifice, un Vieillard assis, peut-être le Destin, Jupiter dans son temple, les Parques, Bacchus dans les bras de Leucothoé, Lucine, Cérès, un Satyre, Vénus, une Nymphe[33].

---

[33] Aubin-Louis Millin, *Voyage dans le Milanais, à Plaisance, Parme, Modène, Mantoue, Crémone, et dans plusieurs autres villes de l'ancienne Lombardie*, t. II, Paris 1817, pp. 91-95.

Après le rétablissement de la clôture en 1524 suite à la mort de Giovanna de Plaisance, la Chambre de Saint-Paul fut rendue inaccessible, de sorte que les fresques furent longtemps oubliées et ignorées du public, jusqu'à ce que le peintre allemand Anton Raphael Mengs les redécouvrît en 1774[34]. Lanzi souligne dans sa description de la salle qu'une telle représentation mondaine n'était pas convenable pour un couvent :

> *On y resout [sic] encore cette autre question ; comment dans une maison religieuse il avait pu peindre une Chasse de Diane, avec une foule de petits amours qui l'accompagnent, et tous les autres sujets profanes qu'il représenta dans le même lieu, où sont distribuées, sur plusieurs cintres de lunettes, les Graces [sic], les Parques, les Vestales occupées à leur sacrifice, Junon nue, et suspendue dans les airs telle qu'Homère la décrit dans le quinzième chant de l'Illiade ; enfin, d'autres images semblables qui paraissent peu convenables à l'ornement d'un cloître. Mais l'étonnement cesse lorsqu'on apprend que ce lieu fut la résidence d'une abbesse, dans un temps où le monastère de Saint-Paul n'était point assujetti à la clôture ; où chaque abbesse était créée à vie, exerçait sa juridiction sur des terres, sur des châteaux, et dont l'existence, à peu près séculière, était hors de toute dépendance de l'évêque [...]. Cette peinture fut commandée par une Donna Giovanna de Plaisance, qui gouvernait alors ce couvent ; et tout ce qui se trouve d'érudition dans la peinture, et dans les inscriptions qui l'accompagnent, fut*

---

[34] Pier Paolo Mendogni, *Il Correggio e il monastero di San Paolo*, op. cit., p. 70.

vraisemblablement suggéré au peintre par Giorgio Orselini, littérateur célèbre, qui avait une fille parmi ces religieuses[35].

2. Gina – Giovanna – Diane

En 1942, Pierre Martino renvoie à juste titre dans son article *La Parme de Stendhal* aux fresques du Corrège. Il suppose alors, sans pour autant pouvoir le prouver, que la figure littéraire Angelina del Dongo est inspirée de l'abbesse :

> *Tout porte à croire que la déesse est peinte à la ressemblance de la belle et riche abbesse mondaine [...]. Je suis prêt à jurer, – à jurer parce que je n'ai pas la moindre preuve, – que nous avons là le portrait de la Sanseverina. Stendhal nous avoue qu'il l'a copiée du Corrège*[36] *!*

Après qu'en 1950, Luigi Foscolo Benedetto dans *La Parma di Stendhal*[37] eut contesté cette thèse, la Chambre de Saint-Paul tomba de nouveau dans l'oubli.

Ce qui suit tend à prouver que Pierre Martino avait raison et pas seulement en ce qui concerne la figure de Gina. D'après nous, le programme de la Chambre de Saint-Paul dans son ensemble est à la base de *La Chartreuse de Parme*.

---

[35] L'Abbé Lanzi, *Histoire de la peinture en Italie, depuis la renaissance des beaux-arts, jusques vers la fin du XVIIIe siècle*, traduite de l'Italien sur la 3e édition, par Mme Armande Dieudé, t. III, Paris 1824, p. 452.
[36] Pierre Martino, « La Parme de Stendhal », dans : *Le Divan*, avril-juin 1942, p. 83.
[37] Luigi Foscolo Benedetto, *La Parma di Stendhal*, op. cit., p. 371.

Stendhal avait connaissance de la vie de Giovanna de Plaisance qui devait l'avoir enchanté en ce qu'elle regorge d'histoires d'amour et de meurtres ; et tout cela, dans un couvent ! Dans les *Mélanges*, il écrit : « L'heureuse Abbesse qui employa le Corrège se nommait Donna Giovanna de Plaisance[38] ». En outre, il avait lu le *Ragionamento sopra una stanza dipinta dal Correggio nel monastero di monache benedettine di S. Paolo a Parma* (1794) d'Ireneo Affò :

> *À propos du Corrège, M. Reina m'a mené voir le pauvre Appiani, qui, depuis sa dernière apoplexie, a perdu la mémoire et pleure souvent. Au retour, chose incroyable chez un bibliophile, M. Reina m'a prêté un livre : ce sont les curieux, quoique bien minutieux, Mémoires du père Affò sur le Corrège[39].*

Un certain M. Reina, qualifié de « bibliomane[40] » apparaît d'ailleurs également dans *La Chartreuse de Parme*.

Un autre texte a retenu notre attention. Dans son *Histoire de la peinture en Italie*, Stendhal s'est fortement inspiré de l'*Histoire de la peinture en Italie* de Luigi Lanzi pour la description de la vie du Corrège. Mais d'après Paul Arbelet, une partie des textes

---

[38] Stendhal, *Écoles italiennes de peinture*, t. II, établissement du texte et préface par Henri Martineau, Paris, Le Divan, 1932, p. 17.

[39] Stendhal, *Voyages en Italie*, op. cit., p. 333. Victor Del Litto doute que Stendhal connaissait le texte : « Le Père Ireneo Affò a publié en 1794 un *Ragionamento sopra una stanza dipinta dal Correggio nel monastero di monache benedettine di S. Paolo a Parma*, mais il ne semble pas que Stendhal l'ait jamais eu entre les mains. Il a lu – ou s'est proposé de lire – à l'époque où il composait son *Histoire de la peinture en Italie*, un autre ouvrage du P. Affò, *La Vita di Francesco Mazzola detto il Parmigiano*, paru en 1784 […]. » (Ibid., p. 1532, note 9.) D'après nous, la mention du texte de Stendhal ainsi que son admiration de la Chambre de Saint-Paul prouvent que Stendhal avait lu ce livre.

[40] Stendhal, « La Chartreuse de Parme », op. cit., p. 392.

est de Stendhal lui-même, dont le passage suivant concernant la Chambre de Saint-Paul[41] :

> *Cette peinture charmante a le double mérite d'être du Corrège, et de sortir enfin des sujets tristes et froids de la religion chrétienne, pour nous présenter un des sujets les plus simples, mais en même temps les plus charmants, de la religion des Grecs [...]. Le reste de l'appartement est orné dans le vrai goût italien du quinzième siècle, qui présente toujours un mélange de tendresse et de volupté, sans aucune idée dure ou triste, que celles qui nous engagent, à jouir de cette vie si courte[42].*

Dans *La Chartreuse de Parme*, le personnage de Gina fait écho à ces idées en conseillant à son neveu Fabrice : « La vie s'enfuit, ne te montre donc point si difficile envers le bonheur qui se présente, hâte-toi de jouir[43]. » À n'en pas douter, un mélange de « tendresse » et de « volupté » se manifeste dans ce roman. La figure centrale de celui-ci n'est pas Fabrice del Dongo – comme communément supposé – mais sa tante Angelina del Dongo, ce qui explique que Stendhal pose à Honoré de Balzac la question de savoir si l'on peut nommer Fabrice « *notre héros*[44] ». Dans l'avertissement du roman déjà, le lecteur apprend qu'il y sera question de « l'histoire de la duchesse Sanseverina[45] » et de « ses aventures[46] ». C'est elle

---

[41] Paul Arbelet, *L'histoire de la peinture en Italie et les plagiats de Stendhal*, op. cit., p. 450.
[42] Stendhal, *Écoles italiennes de peinture*, t. II, op. cit., pp. 16-17.
[43] Stendhal, « La Chartreuse de Parme », op. cit., p. 46.
[44] Lettre de Stendhal à Honoré de Balzac, 28-29 octobre 1840 : « La duchesse est copiée du Corrège. » (Stendhal, *Correspondance générale*, t. VI, op. cit., p. 410.)
[45] Stendhal, « La Chartreuse de Parme », op. cit., p. 23.
[46] Ibid., p. 24.

qui fait « la pluie et le beau temps[47] » à la cour de Parme et que la marquise del Dongo ramène du couvent au début du roman pour lui tenir compagnie[48]. Nous reviendrons plus tard sur la symbolique du lien entre la pluie (l'eau) et le soleil (la lumière/le feu) dans *La Chartreuse de Parme*.

Alors qu'il est enfermé dans la tour Farnèse, Gina communique avec Fabrice en ayant recours à l'« ancien alphabet *alla Monaca*[49] » – l'alphabet « à la manière des religieuses ». Pour abréger son propre nom, elle utilise sa lampe en produisant « trois apparitions se suivant très rapidement[50] ». Nous pouvons voir dans ces éléments autant d'allusions à l'abbesse Giovanna de Plaisance qui se fit immortaliser par le Corrège en Diane au-dessus de la cheminée de la Chambre de Saint-Paul. Sur les armoiries de l'abbesse, que l'on retrouve à plusieurs endroits dans les salles du couvent, figurent trois croissants. Il faut noter que le croissant est également un symbole de Diane. Ainsi, Diane et l'abbesse de Saint-Paul sont toutes deux étroitement liées au chiffre trois.

Sans aucune référence à la Chambre de Saint-Paul, Balzac, dans son compte-rendu de *La Chartreuse de Parme*, avait reconnu en Angelina Del Dongo une réincarnation de la déesse romane Diane :

> *La duchesse est une de ces magnifiques statues qui font tout à la fois admirer l'art et maudire la nature avare de pareils modèles. La Gina, quand vous aurez lu le livre, restera devant*

---

[47] Ibid., p. 23.
[48] « […] car la marquise pour se donner un peu de courage […] avait envoyé prendre au couvent où elle était pensionnaire en ce temps-là, Gina del Dongo, sœur de son mari, qui fut depuis cette charmante comtesse Pietranera. » (Ibid., pp. 28-29)
[49] Ibid., p. 341.
[50] Ibid.

vos yeux comme une statue sublime : ce ne sera ni la Vénus de Milo, ni la Vénus de Medici ; ce sera la Diane avec la volupté de la Vénus, avec la suavité des vierges de Raphaël et le mouvement de la passion italienne[51].

De fait, le roman *La Chartreuse de Parme* est organisé autour de la figure de Gina, laquelle possède toutes les propriétés de Diane, tout comme le programme de la Chambre de Saint-Paul se regroupe autour de la déesse Diane alias Luna, qui apparaît non seulement en portrait au-dessus de la cheminée, mais également – si nous suivons l'analyse de Ernst Hans Gombrich[52] – dans plusieurs autres fresques de la salle.

3. La symbolique alchimique

Alors que l'identification des figures mythologiques représentées dans la Chambre de Saint-Paul fait plus ou moins consensus dans les différentes descriptions des fresques, les explications de ces représentations restent quant à elles partagées. Les uns y voient une simple décoration de salle à manger, les autres un programme esthétique ou moral, dissimulé derrière les images.

---

[51] Honoré de Balzac, « Études sur M. Beyle (Frédéric Stendalh [sic]) », op. cit., p. 210.

[52] « I suggest that the task the humanist set himself was to find as many such images as possible – and where they were lacking to invent others – which could in any way be linked with the figure of Luna or Diana (which is the same thing). I believe that in principle this task was less difficult than it might appear to you and me, because, and that is the hub of my argument, – Luna was proverbial among the learned mythographers for her changeability, for appearing in any number of guises and under any number of names. » (Ernst Hans Gombrich, « Topos and Topicality in Renaissance Art », op. cit.)

Pourtant, nous retrouvons dans ces descriptions des aspects communs tels que : le lien entre les oppositions comme la guerre et la paix, la représentation du cycle de la vie par les Moires, le petit enfant (Jupiter ?), le jeune homme (Endymion) et le vieil homme (Saturne), la personnification des quatre éléments par Tellus (la terre), Junon (l'air), Genius (l'eau) et Vesta (le feu)[53] et la représentation de Diane. Ireneo Affò pense que la salle illustre l'histoire de cette déesse[54].

Ernst Hans Gombrich part également de la thèse selon laquelle la Chambre de Saint-Paul se focalise sur la lune – Luna alias Diane ; il définit son approche comme « lunatic alternative[55] » face à l'interprétation de Erwin Panofsky. Alors qu'Aubin-Louis Millin croyait encore avoir affaire à différentes divinités représentées dans les lunettes[56], Gombrich interprète les représentations comme des incarnations diverses de Diane et de divinités proches d'elle. Pour étayer cette thèse, il s'appuie essentiellement sur la *Genealogie Deorum* de Boccace. Ainsi, il identifie Junon, Cérès et

---

[53] Cf. Erwin Panofsky, *The iconography of Correggio's Camera di San Paolo*, op. cit., pp. 95-97.

[54] « […] la Camera dipinta in San Paolo fattura si è del Correggio, rendettesi manifesto esservi rappresentata La Favola di Diana con diversi chiari e scuri. » (Ireneo Affò, *Ragionamento sopra una stanza dipinta dal Correggio nel monastero di monache benedettine di S. Paolo a Parma*, 1794, p. 9.) Par « diversi chiari e scuri », il désigne les grisailles en noir et blanc qui se trouvent dans les seize lunettes de la salle.

[55] Ernst Hans Gombrich, « Topos and Topicality in Renaissance Art », op. cit.

[56] « Ces figures représentent différentes divinités, la Fortune, Minerve, les Grâces, Adonis et Endymion, vus de face et absolument nus, Bonus Eventus, la Terre, Junon suspendue dans l'espace avec une enclume à ses pieds, une Prêtresse offrant un sacrifice, un Vieillard assis, peut-être le Destin, Jupiter dans son temple, les Parques, Bacchus dans les bras de Leucothoé, Lucine, Cérès, un Satyre, Vénus, une Nymphe. » (Aubin-Louis Millin, *Voyage dans le Milanais, à Plaisance, Parme, Modène, Mantoue, Crémone, et dans plusieurs autres villes de l'ancienne Lombardie*, op. cit., pp. 94-95.)

Proserpine (Millin parle de « Terre ») ainsi que Luna, Hécate et les Moires à Diane[57].

Une deuxième clé de compréhension de *La Chartreuse de Parme* se révèle lorsque l'on observe cette salle de plus près. L'entrée de la Chambre de Saint-Paul comporte trois représentations des armoiries de Giovanna de Plaisance, lesquelles sont encerclées par l'Ouroboros – le serpent qui se mord la queue (ill. 9). Stendhal ne pouvait pas ignorer ce symbole qui devait lui être familier du fait de son affiliation à la franc-maçonnerie. L'Ouroboros est, dans le domaine de l'alchimie, le symbole de l'éternel retour. La Chambre de Saint-Paul est conçue – comme Michele Frazzi le prouve de façon convaincante – selon une structure alchimique[58].

La présente interprétation de *La Chartreuse de Parme* part de la thèse que le roman est lui aussi organisé selon une symbolique alchimique. Pour le prouver, nous aurons recours aux travaux alchimiques aussi bien qu'à l'analyse de Frazzi de la Chambre de Saint-Paul et à l'œuvre de Goethe, franc-maçon comme Stendhal. Cette étude se basera notamment sur *Les Années d'apprentissage*

---

[57] « Both Luna and Juno are identified by Boccaccio with Lucina, the goddess of birth, who is invoked by women in Labour and there is no difficulty in seeing her in the woman with the child [...] in Correggio's cycle. Both Luna and Juno, again, are identified with Ceres or Proserpina who was often been seen correctly, I believe, in the woman with the torch and the fruit [...]. Boccaccio stresses in Book IV, Chapter XVI, that the principal name of Luna was *Trivia* or *Triformis*. She is identified with Hecate who stands at the crossroads and is often represented as a triple figure and [...] Hecate can easily be identified with the tree fates or *parcae* represented in the cycle [...], all the more since one of the Parcae is Fortuna and Fortuna in her turn is very closely allied to the moon. She is easily recognisable in her image with the rudder, the ball and the cornucopia [...]. » (Ernst Hans Gombrich, « Topos and Topicality in Renaissance Art », op. cit.)

[58] Selon Frazzi la chambre elle-même accomplit un circuit (Michele Frazzi, *Correggio. La Camera Alchemica*, op. cit., p. 122).

de Wilhelm Meister et les *Affinités électives*, deux romans qui ont particulièrement fasciné Stendhal.

4. La famille Farnèse

Concernant le lien entre la religion chrétienne et l'alchimie, la famille Farnèse assume une fonction charnière. Stendhal nomme explicitement une chronique italienne sur l'*Origine de la grandeur de la famille Farnèse* (*Origine delle grandezze della famiglia Farnese*) comme source d'inspiration de son roman. Cette chronique date de l'époque de la Renaissance et raconte la vie d'Alexandre Farnèse, futur pape Paul III. L'histoire de sa famille est marquée par deux femmes d'une grande beauté : Giulia Farnèse, sœur d'Alexandre et maîtresse du pape Alexandre VI, ainsi que Clélia Farnèse, fille naturelle du petit-fils d'Alexandre Farnèse qui s'appelait également Alexandre, cardinal de son état et féru d'alchimie[59]. Stendhal parle déjà de la magie dans ses premières esquisses portant sur l'histoire de la famille Farnèse :

> *Il y a de tout, même de la magie. […] J'abrège infiniment cette histoire scandaleuse qui, dans l'original, n'a pas moins de quatre cent quatre-vingts pages in-4°. L'auteur explique beaucoup de faits par la magie […]*[60].

---

[59] Cf. Arcangelo Gentilucci, *Il Gran Palazzo Farnese di Caprarola*, Roma, Spada, 2003, p. 12 et Paolo Gasbarri, « La Stanza dell'Aurora nel Palazzo Farnese di Caprarola. Un caso di decorazione alchemico-ermetica », dans : http://www.bibliotecaviterbo.it/rivista/2007_1-2/Gasbarri.pdf (dernière consultation : 10.8.2011).

[60] Stendhal, *Romans et nouvelles*, t. II, op. cit., p. 504.

Le travail qui suit s'appuiera donc sur ces trois sources : picturale (la Chambre de Saint-Paul), alchimique (les idées et la symbolique alchimiques) et historique (la famille Farnèse), pour interpréter *La Chartreuse de Parme* en tant qu'œuvre suivant un programme alchimique.

Après une courte introduction sur l'alchimie, les chapitres suivront selon l'ordre des procédés alchimiques et des divers participants au processus alchimique pour culminer dans le mariage chimique et la création de la pierre philosophale. Une petite digression portant sur le premier roman de Stendhal, *Armance ou quelques scènes d'un salon de Paris en 1827*, tendra à illustrer à la fin de cette étude le fait que *La Chartreuse de Parme* ne constitue pas un cas isolé et qu'il serait donc intéressant de procéder à une analyse de l'œuvre entière de Stendhal sous une perspective alchimique.

II. Une interprétation alchimique de *La Chartreuse de Parme*

En lisant *La Chartreuse de Parme* de Stendhal, on est frappé par la présence de certains éléments qui jalonnent le texte : des matières minérales, métalliques et organiques, la dualité de la lumière et de l'obscurité, l'union des opposés tels que le feu et l'eau ou le ciel et la terre, le cycle de la vie (de la naissance à la mort et à la renaissance), l'accumulation des couleurs (blanc, rouge orangé et noir) ainsi que le chiffre trois. Jean Petitot déjà, dans son analyse structuraliste de la description de la bataille de Waterloo dans *La Chartreuse de Parme*, mettait en évidence le lien entre le haut et le bas, la verticale et l'horizontale ainsi que l'enchaînement des quatre éléments : l'eau, la terre, l'air et le feu[1]. Ces quatre éléments jouent un rôle principal en alchimie, de même que l'idée d'un cycle éternel de la matière, symbolisé par l'image de l'Ouroboros.

Annie Colet[2], Dieter Diefenbach[3] et Pierre Alain Bergher[4] ont déjà mis en lumière la symbolique franc-maçonnique dans les romans de Stendhal. Nous partons du principe que non seulement la franc-maçonnerie mais aussi l'alchimie lui étaient familières ; cette

---

[1] Jean Petitot, « Waterloo : mythe, scène et décor dans *La Chartreuse de Parme* », op. cit., pp. 213-270.

[2] Annie Colet, « Nuit et lumière dans l'œuvre romanesque de Stendhal. L'influence du romantisme italien », op. cit., pp. 299-308 ; Annie Colet, « Le symbolisme de la mort dans l'œuvre romanesque de Stendhal », dans : Jean-Claude Rioux (éd.), *Le symbolisme stendhalien*, actes du colloque universitaire de Nantes, 21-22 octobre 1983, Nantes, Éditions Arts-cultures-loisirs, 1986, pp. 201-208.

[3] Dieter Diefenbach, *Stendhal und die Freimaurerei*, op. cit.

[4] Pierre Alain Bergher, *Les mystères de La Chartreuse de Parme*, op. cit.

dernière lui fut transmise entre autres par des livres de chimie[5], le roman *Sethos* traitant de l'histoire d'Isis de l'abbé Jean Terrasson[6], par l'œuvre de Goethe, les opéras de Mozart[7] ainsi que par des textes de son époque. À n'en pas douter, Stendhal disposait de connaissances suffisantes pour procéder à une interprétation alchimique de la Chambre de Saint-Paul. La meilleure des preuves corroborant ses connaissances en alchimie se trouve dans son premier roman *Armance*, dans lequel le narrateur renvoie explicitement à un contexte alchimique, en mentionnant le *Faust*[8] de Goethe, la chimie et l'alchimiste Isaac Newton[9]. Le personnage d'Octave de Malivert apparaît dans la forêt « déguisé en magicien et éclairé par des feux du Bengale[10] » et sa parente Madame de Bonnivet se révèle être une adepte passionnée du mysticisme allemand, de l'angélisme ainsi que du magnétisme[11].

Stendhal était fasciné par la chimie depuis son enfance. Jean Théodoridès souligne que l'« on trouve dans ses œuvres de

---

[5] Jean Théodoridès, *Stendhal du côté de la science*, préface d'Ernest Abravanel, Aran, Éditions du Grand Chêne, 1972, pp. 65-76.

[6] Jean Théodoridès souligne l'importance de ce roman pour Stendhal qui le recommanda à sa sœur Pauline et le fit lire à son héroïne de roman Lamiel (Ibid., p. 58).

[7] « Aucun nom de musicien ne revient aussi souvent dans l'œuvre romanesque de Stendhal. » (Annie Colet, « Nuit et lumière dans l'œuvre romanesque de Stendhal », op. cit., p. 301). En ce qui concerne l'alchimie dans l'œuvre de Mozart, cf. Matheus Franciscus Maria van den Berk, *The Magic Flute. Die Zauberflöte. An Alchemical Allegory*, Leiden 2004.

[8] Stendhal, *Armance*, dans : Stendhal, *Œuvres romanesques complètes I*, édition établie par Yves Ansel et Philippe Berthier, Paris, Éditions Gallimard, 2005, p. 94.

[9] Ibid., p. 896.

[10] Ibid., p. 146.

[11] Ibid., pp. 119-120.

nombreux passages la concernant[12] » et que « [p]lusieurs des héros stendhaliens ont fait des études de chimie[13]. »

Stendhal lui-même utilisait parfois un langage scientifique pour désigner des phénomènes corporels et sentimentaux. Le meilleur exemple nous est offert par son essai *De l'Amour* dans lequel il identifie la naissance de l'amour à un processus chimique : une cristallisation. Dans une lettre à Félix Faure datant du 2 octobre 1812, il se base sur la chimie pour décrire l'union charnelle :

Deux corps se rapprochent ; il naît de la chaleur et une fermentation, mais tout état de cette nature est passager. C'est une fleur dont il faut jouir avec volupté, etc.[14]

Ce traitement scientifique des passions humaines nous rappelle l'œuvre de Goethe. Dans les *Affinités électives*, l'intimité des personnes y est également décrite comme un processus de fermentation[15] :

En général, le train journalier d'une famille, qui résulte de personnes données et de circonstances déterminées, recueille en soi, comme un vase, une inclination naissante, une passion naissante, et il peut s'écouler un certain temps, avant que cet

---

[12] Jean Théodoridès, *Stendhal du côté de la science*, op. cit., 65.
[13] Ibid., p. 76.
[14] Stendhal, *Correspondance générale*, t. II (1810-1816), édition Victor Del Litto avec la collaboration d'Elaine Williamson, de Jacques Houbert et de Michel-E. Slatkine, Paris, Librairie Honoré Champion, 1998, p. 355.
[15] Cf. également Caterina Pasztory Pedroni, « Goethe and Stendhal », dans : *Francia. Forschungen zur westeuropäischen Geschichte*, Bd. 15 (1987), p. 503.

ingrédient nouveau provoque une fermentation sensible, et s'enfle en écume au-dessus du bord[16].

Überhaupt nimmt die gewöhnliche Lebensweise einer Familie, die aus den gegebenen Personen und aus notwendigen Umständen entspringt, auch wohl eine außerordentliche Neigung, eine werdende Leidenschaft, in sich wie ein Gefäß auf, und es kann eine ziemliche Zeit vergehen, ehe dieses neue Ingrediens eine merkliche Gärung verursacht und schäumend über den Rand schwillt[17].

Quand un auteur utilise une symbolique alchimique dans les textes littéraires, l'aspect scientifique n'apparaît pas toujours a priori parce que la description des procédés alchimiques de même que des matières utilisées est savamment cachée derrière une métaphore foisonnante. Elles sont repérables parce qu'en général, les métaphores utilisées restent constantes[18]. Dans ce qui suit, nous allons analyser le symbolisme alchimique de *La Chartreuse de Parme*, au travers des images et symboles utilisés

---

[16] Johann Wolfgang Goethe, « Les Affinités électives », dans : *Romans*, traductions et notes par Bernard Grœthuysen, Pierre du Colombier et Blaise Briod, Paris, Éditions Gallimard, 1954, p. 171.

[17] Johann Wolfgang Goethe, « Die Wahlverwandtschaften », dans : Johann Wolfgang Goethe, *Sämtliche Werke nach Epochen seines Schaffens*, Münchner Ausgabe, Karl Richter in Zusammenarbeit mit Herbert G. Göpfert, Norbert Miller und Gerhard Sauder (éds.), Bd. 9, herausgegeben von Christoph Siegrist, Hans J. Becker, Dorothea Hölscher-Lohmeyer, Norbert Miller, Gerhard H. Müller und John Neubauer, München, Carl Hanser Verlag, 1987, pp. 333-334.

[18] Rosmarie Zeller, « Metaphorische Verschlüsselung alchemistischer Prozesse. Zur Bildlichkeit in Knorrs *Conjugium Phoebi et Palladis* und Monte-Synders *Metamorphosis Planetarum* », dans : *Morgen-Glantz. Zeitschrift der Christian Knorr von Rosenroth-Gesellschaft*, Sulzbach-Rosenberg, 17/2007, p. 115.

par Stendhal dans le registre alchimiste. Compte tenu du fait que Stendhal détestait les textes contenant des détails superflus, nous pouvons partir de l'idée que chaque description détaillée revêt une fonction particulière.

1. L'alchimie

Il ne peut être question ici de présenter l'alchimie de manière exhaustive et fondamentale, mais plutôt de mettre en lumière, parmi les multiples définitions et explications existantes, quelques aspects fondamentaux qui seront cruciaux pour notre interprétation de *La Chartreuse de Parme*. De façon générale, nous pouvons désigner l'alchimie avec Hans-Werner Schütt comme l'art de transmuter certains métaux « vils » en métaux nobles, de telle sorte qu'à travers la matière, l'homme est également purifié et parvient à un état d'être plus élevé[19]. L'alchimie peut être définie comme une science intégrante qui englobe la religion, l'art et les sciences[20].

Le but des alchimistes est la production de la pierre philosophale (*lapis philosophorum*) ou de l'élixir – substance qui permet de réaliser la transmutation des métaux le plus facilement et rapidement possible, et avec le plus grand bénéfice[21]. Mais l'alchimie va au-delà de la transformation des métaux et elle représente beaucoup plus qu'un travail de laboratoire : elle conduit à la

---

[19] Hans-Werner Schütt, *Auf der Suche nach dem Stein der Weisen*, op. cit., p. 12.
[20] Helmut Gebelein, *Alchemie*, op. cit., p. 12.
[21] Cf. Lawrence M. Principe, « Lapis philosophorum », dans : Claus Priesner / Karin Figala (éds.), *Alchemie: Lexikon einer hermetischen Wissenschaft*, op. cit., p. 215.

connaissance de la nature et de soi-même[22], du fait que l'homme et la nature ainsi que l'esprit et la matière sont étroitement liés entre eux[23].

La transformation de la matière brute – la matière première (la *prima materia*) – s'accomplit selon un processus graduel de purification et reflète en même temps la découverte de soi et la connaissance de soi de l'adepte[24]. L'interaction entre le microcosme et le macrocosme – entre l'homme et l'univers – s'opère concomittamment lors des différentes étapes de la transformation. Cette interaction transparaît également dans la description que Stendhal fait de la cristallisation dans *De l'Amour*. Le narrateur y renvoie à un rameau primitif qui se transforme au fond d'une mine de sel en objet précieux :

> *Aux mines de sel de Salzbourg, on jette, dans les profondeurs abandonnées de la mine, un rameau d'arbre effeuillé par l'hiver ; deux ou trois mois après on le retire couvert de cristallisations brillantes : les plus petites branches, celles qui ne sont pas plus grosses que la patte d'une mésange, sont garnies d'une infinité de diamants, mobiles et éblouissants ; on ne peut plus reconnaître le rameau primitif*[25].

---

[22] Cf. Claus Priesner/Karin Figala (éds.), *Alchemie: Lexikon einer hermetischen Wissenschaft*, op. cit., p. 7.

[23] Ibid., p. 9. Cf. également Carl Gustav Jung, *Psychologie et alchimie*, op. cit., p. 344.

[24] Cf. Claus Priesner/Karin Figala (éds.), *Alchemie: Lexikon einer hermetischen Wissenschaft*, op. cit., p. 9.

[25] Stendhal, *De l'Amour*, édition présentée, établie et annotée par Victor Del Litto, Paris Gallimard, 1980, p. 31.

La formation des « diamants[26] » est un processus à la fois extérieur (la formation des cristaux de sel) et intérieur puisqu'il se déroule dans « la tête d'un amant[27] ».

La relation entre le microcosme et le macrocosme est aussi à l'origine du lien étroit entre l'alchimie et l'astrologie, deux disciplines qui intègrent l'idée de l'interaction des sphères terrestre et stellaire[28]. L'être agile de la *prima materia* est appelé Mercure. Parfois, Mercure désigne la matière première elle-même, parfois son essence, son âme, comme le souligne Carl Gustav Jung qui le décrit de la manière suivante :

L'aptitude de la prima materia *à se transformer était imputée soit à la* prima materia *elle-même, soit à son essence,* l'anima *(âme). On désignait celle-ci du nom de « Mercurius », et on la concevait comme un être double paradoxal que l'on nommait* monstrum, hermaphroditus, *ou* rebis *[...]*[29].

En outre, le processus de purification en alchimie entraîne l'établissement d'un parallèle entre la pierre et le Christ, c'est-à-dire l'assimilation de la pierre philosophale à Jésus-Christ, suivant l'idée que les métaux subissent grâce à la pierre philosophale une « rédemption » de leur état de matière première[30]. Ainsi un autre nom

---

[26] Ibid.
[27] Ibid.
[28] Cf. Charles Burnett, « Astroalchemie », dans : Claus Priesner / Karin Figala (éds.), *Alchemie: Lexikon einer hermetischen Wissenschaft*, op. cit., p. 65.
[29] Carl Gustav Jung, *Psychologie et alchimie*, op. cit., p. 546.
[30] Lawrence M. Principe, « Lapis philosophorum », op. cit., p. 219.

désignant la pierre philosophale est le « Rédempteur[31] ». Nous reviendrons plus tard sur ce lien entre les symboliques alchimique et religieuse lors de l'analyse de *La Chartreuse de Parme*.

En alchimie, on fait la différence entre les corps (*somata*), les airs (*pneumata*) et les esprits (*asomata*). Les corps sont les métaux et les alliages ; ils sont associés aux sept planètes connues à l'époque, y compris le soleil et la lune, ainsi qu'à des figures mythologiques[32] (plomb-Saturne, étain-Jupiter, cuivre-Vénus, fer-Mars, mercure-Mercure, argent-Lune-Diane-Hécate, or-Soleil-Apollon). On désigne par airs le mercure et le soufre ; les esprits embrassent les sels, les terres et les minéraux ainsi que les substances organiques[33].

Le point de départ pour l'alchimiste est la matière première. Cette première phase de l'Œuvre est nommée l'*Œuvre au noir* (*nigredo*). Au cours de cette étape se produit la putréfaction (*putrefactio*) : la mise à mort de la matière. Hans-Werner Schütt fait remarquer que ce processus était parfois vu comme un mélange chaotique des quatre éléments[34]. Du point de vue de l'extérieur, la matière première représente le chaos, un état informe. Du point de vue de l'intérieur, celui de l'adepte, la matière première désigne une humeur dépressive et mélancolique. Ces deux états

---

[31] Diethelm Brüggemann, *Kleist. Die Magie: Der Findling, Michael Kohlhaas, Die Marquise von O…, Das Erdbeben von Chili, Die Verlobung in St. Domingo, Die heilige Cäcilie oder die Gewalt der Musik*, Würzburg, Verlag Königshausen & Neumann GmbH, 2004, p. 22.

[32] Cf. Albert Poisson, *Théories & symboles des alchimistes : le Grand-Œuvre ; suivi d'un essai sur la bibliographie alchimique du XIXe siècle*, Paris 1891, p. 40.

[33] Cf. Hans-Werner Schütt, *Auf der Suche nach dem Stein der Weisen*, op. cit., pp. 22-27.

[34] Cf. Hans-Werner Schütt, « Aristotelismus », dans : Claus Priesner / Karin Figala (éds.), *Alchemie: Lexikon einer hermetischen Wissenschaft*, op. cit., p. 60.

(extérieur et intérieur) symbolisent l'incapacité de comprendre le monde autour de soi et d'en interpréter les signes. L'*Œuvre au noir* est liée – comme son nom l'indique – à la couleur noire : à la terre, la vieillesse, la putréfaction, ainsi donc à tout ce qui se rapporte à la mort[35].

La deuxième étape de l'Œuvre est l'*Œuvre au blanc* (*albedo*). Elle se révèle dans le blanc, le féminin, l'eau, la lune, l'enfance et elle est reliée à tout ce qui évoque la naissance. Il s'agit d'une sorte de période de convalescence lors de laquelle l'adepte découvre la lumière et l'esprit au sortir de l'obscurité. Dans cette phase, les éléments sont purifiés et différenciés à l'aide de la conscience et de la raison de l'adepte. C'est le début d'un ordre qui renvoie déjà à la clarté de la dernière étape[36].

Cette dernière étape de l'Œuvre est l'*Œuvre au rouge* (*rubedo*)[37]. Elle représente la maturité, le soleil et le feu de l'inspiration. Il s'agit de l'union du masculin et du féminin, du soleil et de la lune, de l'or et de l'argent, du soufre et du mercure. Cette étape voit s'accomplir un mariage chimique de deux principes opposés et complémentaires (*coniunctio oppositorum*). Le résultat de cette union est la naissance de l'enfant, pur et innocent (*filius philosophorum*) : la pierre philosophale, le symbole de la renaissance spirituelle. L'esprit humain reconnaît sa propre nature. Cette vérité absolue ne peut plus être exprimée par des mots et elle ne

---

[35] La description de cette étape est une traduction libre de Michele Frazzi, *Correggio. La Camera Alchemica*, op. cit., p. 27.

[36] La description de cette étape est une traduction libre de Michele Frazzi, *Correggio. La Camera Alchemica*, op. cit., p. 27.

[37] Avant le Moyen-Âge, il existait une étape avant l'*œuvre au rouge* qui s'appelait *citrinitas*. Cette étape était liée à la couleur jaune, à l'air et à l'adolescence.

peut être pensée[38]. Les initiés utilisent un langage cryptique en se servant entre autres d'anagrammes et d'alphabets secrets[39].

L'œuvre entière qui mène à la production de la pierre philosophale porte le nom de Grand Œuvre (*opus magnum*). Cette œuvre se produit en sept jours (le temps de la création du monde), en une année (le cycle des saisons) ou en neuf mois (le temps d'une grossesse)[40]. La pierre philosophale est le *rebis* (du latin *res binae*) qui symbolise l'union des opposés (ill. 10) : c'est un être double, un hermaphrodite, l'homme et la femme, le fixe et le volatil comme le définit Albert Poisson :

> *C'est à proprement parler après ce mariage ou union, que la matière prenait le nom de* Rebis *; on symbolisait* Rebis *par un corps humain surmonté de deux têtes, une d'homme, une de femme. Cet hermaphrodite chimique est commun dans les traités hermétiques*[41].

Le lieu du processus alchimique est le vase hermétique (*vas hermetis*) qui est posé dans l'athanor – le fourneau –, également désigné comme creuset (*crucibulum*) et qui renvoie symboliquement à la croix. Le fourneau alchimique dans lequel se produit, sous une petite flamme qui brûle sans cesse, la pierre philosophale est souvent représenté par un chêne creux qui évoque l'utérus[42].

---

[38] La description de cette étape est une traduction libre de Michele Frazzi, *Correggio. La Camera Alchemica*, op. cit., p. 27.

[39] Helmut Gebelein, *Alchemie*, op. cit., p. 90.

[40] Cf. Karin Figala, « Opus magnum », dans : Claus Priesner / Karin Figala (éds.), *Alchemie: Lexikon einer hermetischen Wissenschaft*, op. cit., p. 262.

[41] Albert Poisson, *Théories & symboles des alchimistes*, op. cit., p. 64.

[42] Cf. Michele Frazzi, *Correggio. La Camera Alchemica*, op. cit., p. 43.

Un génie psychopompe mène l'adepte à travers les différentes phases de l'Œuvre[43].

Le fondateur de l'alchimie ayant été le personnage mythique Hermès Trismégiste (ill. 11), on parle aussi de philosophie hermétique. Hermès Trismégiste est issu de la fusion de l'Hermès grec et du dieu égyptien Thot, dieu de la lune, de l'astronomie ainsi que de l'astrologie, de la médecine et de la magie. Selon Philippe Roy,

> *Hermès était un des dieux de l'Olympe, fils de Zeus et de Maïa. Il était l'interprète et le messager des autres dieux et dispensait aussi bien la sagesse (le caducée est son emblème) que les roublardises de sa juvénile nature. Son nom romain est Mercure et il n'est pas fortuit qu'il soit devenu si important en alchimie pour désigner le volatil. Dans le Panthéon égyptien, Thot à la tête d'ibis ou à tête de singe était le scribe des dieux. À ce titre, il était à l'origine de l'écriture et du calcul. Plus généralement, il représentait la parole porteuse de science et de sagesse et, étant associé à la lune, il apportait aussi la lumière dans les ténèbres[44].*

Comme Thot, Hermès était le dieu des langues, des nombres et des lettres[45]. Il représentait la liaison entre le ciel et la terre ainsi que la variabilité, ce qui le rapprochait du mercure[46]. Hermès

---

[43] Ibid., p. 46.
[44] Philippe Roy, *L'hermétisme. Philosophie et tradition*, op. cit., p. 22.
[45] Cf. Zbigniew Szydlo, « Hermes Trismegistos », dans : Claus Priesner / Karin Figala (éds.), *Alchemie: Lexikon einer hermetischen Wissenschaft*, op. cit., p. 173.
[46] Hans-Werner Schütt, *Auf der Suche nach dem Stein der Weisen. Die Geschichte der Alchemie*, op. cit., p. 102.

était également Hermès-Psychopompe, celui qui mène l'adepte[47]. La *Table d'émeraude* (*Tabula Smaragdina* en latin) que l'on attribuait à Hermès Trismégiste assimilait le mystère de l'alchimie à l'éternel retour et à l'union du soleil et de la lune, comme l'évoque le passage ci-dessous :

> *Ce qui est en bas est comme ce qui est en haut, et ce qui est en haut est comme ce qui est en bas ; par ces choses se font les miracles d'une seule chose. Et comme toutes les choses sont et proviennent d'un, ainsi toutes les choses sont nées de cette chose unique par adaptation. Le Soleil en est le père, et la Lune la mère. Le vent l'a porté dans son ventre. La terre est sa nourrice et son réceptacle. [...] Tu sépareras la terre du feu, le subtil de l'épais, doucement avec grande industrie. Il monte de la terre et descend du ciel, et reçoit la force des choses supérieures et des choses inférieures. Tu auras par ce moyen la gloire du monde, et toute obscurité s'enfuira de toi*[48].

Hermès alias Mercure remplit en alchimie une double fonction liée à la capacité de changement du mercure. Mercure se trouve au début et à la fin du Grand Œuvre. Il est la *prima materia* et le *lapis philosophorum*, il est le bas et le haut, le destructeur et le salvateur. Ainsi le décrit Carl Gustav Jung :

> *Hermès-Mercurius posséda dès lors une double nature puisqu'il était à la fois un dieu chtonien de révélation et l'esprit du vif-argent ; c'est pourquoi on le représenta sous les traits d'un*

---

[47] « Hermes führt den Menschen auf dem Wege durch das Wirrwarr komplexer, aus Himmel, Hölle und Erde stammender und damit kosmischer Geheimnisse, den Weg, den der Adept durchwandert, um diese Geheimnisse zu überwinden, ohne sie zu zerstören. » (Ibid., p. 103.)

[48] Cité par Christian Montésinos, *Dictionnaire raisonné de l'alchimie et des alchimistes*, Bonneuil-en-Valois, Éditions de La Hutte, 2010, p. 420.

hermaphrodite [...]. En tant que planète mercure, il est le plus proche du soleil, ce qui signifie qu'il a aussi la relation la plus étroite avec l'or. Mais, en tant que vif-argent, il dissout l'or et éteint son éclat solaire[49].

La double nature et la variation entre le haut et le bas, la vie et la mort se retrouvent dans le symbole alchimique de l'Ouroboros, le signe de l'éternel retour.

2. L'alchimie et les arts

À partir du XVIIIe siècle, les sciences exactes prirent de plus en plus la place de l'alchimie, la bannissant dans le recoin de l'ésotérisme et de l'occultisme. Pourtant, elle resta très présente dans la littérature, un fait auquel renvoie Louis Figuier :

Malgré le profond discrédit dans lequel elle est tombée depuis la fin du dernier siècle, l'alchimie n'a pas perdu le privilège d'éveiller la curiosité et de séduire l'imagination. [...] Aussi, depuis Aurélius Augurelle, qui composa, en 1514, son poème latin Chrysopoïa, *jusqu'à l'auteur de* Faust, *les poètes et les faiseurs de légendes n'ont pas manqué d'aller puiser à cette source féconde, et l'imagination a régné sans partage dans ce curieux domaine, dont les savants négligeaient l'exploration. L'alchimie est la partie la moins connue de l'histoire des sciences*[50].

---

[49] Carl Gustav Jung, *Psychologie et alchimie*, op. cit., p. 90.
[50] Louis Figuier, *L'alchimie et les alchimistes ou essai historique et critique sur la philosophie hermétique*, Paris 1854, p. I-II.

Aux XVIIIe et XIXe siècles notamment, l'alchimie reste très présente dans les arts. Hans-Werner Schütt compte à cette époque à peu près vingt opéras comiques qui traitent de l'alchimie[51]. En littérature, les textes de Heinrich von Kleist[52] et des auteurs du romantisme allemand (parmi lesquels Novalis et Johann Ludwig Tieck), mais également les œuvres d'auteurs français tels que Honoré de Balzac[53], Alexandre Dumas fils et Gérard de Nerval[54], ne sont pas exempts de thèmes alchimiques ainsi que d'un langage symbolique. Dans les textes anciens déjà, par exemple dans l'œuvre de François Rabelais et de William Shakespeare[55] ou encore dans les contes et la poésie baroque, le savoir hermétique est significatif[56]. Michel Butor constate : « La littérature alchimique, malgré son importance évidente en ce qui concerne l'histoire de l'esprit, nous est à peu près inconnue[57]. » Cette importance se poursuit jusqu'à nos jours : *L'œuvre au noir* de Marguerite Yourcenar[58], les œuvres des Surréalistes[59] ainsi que l'œuvre d'Amélie Nothomb,

---

[51] Hans-Werner Schütt, *Auf der Suche nach dem Stein der Weisen. Die Geschichte der Alchemie*, op. cit., p. 411.
[52] Cf. Diethelm Brüggemann, *Kleist. Die Magie*, op. cit.
[53] Honoré de Balzac, *La Recherche de l'Absolu*, 1834.
[54] Alexandre Dumas / Gérard de Nerval, *L'alchimiste*, 1839.
[55] Cf. Helmut Gebelein, *Alchemie*, op. cit., p. 235.
[56] Cf. « Die Alchemie und die Kunst », dans : Helmut Gebelein, *Alchemie*, op. cit., pp. 221-303.
[57] Michel Butor, « L'alchimie et son langage », dans : Michel Butor, *Répertoire I*, Paris, Les Éditions de Minuit, 1960, p. 12.
[58] Marguerite Yourcenar, *L'Œuvre au noir*, Paris, Éditions Gallimard, 1968.
[59] Cf. par exemple l'analyse de Oskar Roth de l'œuvre de Julien Gracq : Oskar Roth, *Hermes und Herminien. Mythologie und Hermetik bei Julien Gracq*, Heidelberg, Universitätsverlag Winter, 1992.

notamment son dernier roman *Barbe bleue*[60], pour ne donner que quelques exemples, en témoignent.

Hans-Werner Schütt désigne le XIXe siècle comme l'époque du roman alchimique[61] et il nomme en premier lieu le roman *Notre-Dame de Paris* de Victor Hugo, paru en 1831, que Stendhal n'avait pas manqué de lire. Le 3 avril 1838 – donc un mois avant qu'il ne commence à écrire *La Chartreuse de Parme* – il cite un jeune homme dans son journal :

> *Le jeune homme de la diligence :* « La Chute d'un ange, N[otre]-D[ame] de Paris, *de Victor Hugo* ; Hans d'Islande *pas si bien, mais* Notre-Dame ! C'est une idée de dieu ! » *Expression de la plus vive admiration*[62].

Victor Hugo remarque dans sa préface que, derrière le drame de son roman, se cache autre chose :

> *Mais il est peut-être d'autres lecteurs qui n'ont pas trouvé inutile d'étudier la pensée d'esthétique et de philosophie cachée dans ce livre, qui ont bien voulu, en lisant* Notre-Dame de Paris, *se plaire à démêler sous le roman autre chose que le roman, et à suivre, qu'on nous passe ces expressions un peu ambitieuses,*

---

60   Amélie Nothomb, *Barbe bleue*, Paris, Éditions Albin Michel, 2012. Cf. également du même auteur *Mercure* (1998) et *Acide sulfurique* (2005).
61   Hans-Werner Schütt, *Auf der Suche nach dem Stein der Weisen. Die Geschichte der Alchemie*, op. cit., p. 413.
62   Stendhal, *Œuvres Intimes*, t. II, édition établie par Victor Del Litto, Paris, Gallimard, Bibliothèque de la Pléiade, 1982, p. 321.

le système de l'historien et le but de l'artiste à travers la création telle quelle du poète[63].

Une philosophie cachée destinée à un petit cercle d'initiés ? Est-ce également le cas de *La Chartreuse de Parme* ? Faut-il voir ici une explication au fait que le narrateur du roman s'adresse « TO THE HAPPY FEW[64] » ? René Servoise suggère une telle lecture lors de son analyse de *La Chartreuse de Parme* :

> *Aujourd'hui* Die Zauberflöte *ne peut être simplement considéré comme un opéra enchanteur par sa musique et déroutant par la confusion du livret de E. Schikaneder, mais doit désormais être compris comme une œuvre ésotérique. De même La* Chartreuse *appelle-t-elle une lecture au second degré. S'il existe des âmes « qui peuvent s'élever jusqu'à sentir les fresques du Corrège à Parme », pourquoi ne pas tenter de monter à une altitude supérieure pour percevoir certains accords ? De se livrer à une interprétation anagogique, comme diraient les beaux esprits*[65] *?*

La perspective d'une « lecture au second degré » nous est également offerte par l'œuvre de Goethe. En ce qui concerne son roman *Les Affinités électives*, l'auteur déclare lui-même à Johann Peter Eckermann le 9 février 1829 que le roman contient davantage que ce qu'une personne peut comprendre à la première

---

[63] Victor Hugo, « *Notre-Dame de Paris* », dans : Victor Hugo, *Notre-Dame de Paris 1482, Les travailleurs de la mer*, textes établis, présentés et annotés par Jacques Seebacher et Yves Gohin, Paris, Éditions Gallimard, Bibliothèque de la Pléiade, 1975, p. 6.
[64] Stendhal, « La Chartreuse de Parme », op. cit., p. 493.
[65] René Servoise, « Le merveilleux dans la *Chartreuse de Parme* », op. cit., p. 1192.

et unique lecture[66]. Trois fois, comme le disait Goethe d'après Christoph Martin Wieland[67], fallait-il lire ce roman. Waltraud Wiethölter précise qu'il nécessite une lecture à trois niveaux : antique, chrétienne et alchimique[68].

Si Stendhal ne s'est pas toujours exprimé en termes élogieux à propos du poète allemand, il fut très inspiré par son œuvre, notamment par *Les Affinités électives* et *Les Années d'apprentissage de Wilhelm Meister*[69]. Une des preuves de son admiration et de sa connaissance de l'œuvre de Goethe est qu'il signe le 9 octobre 1810 une lettre à sa sœur Pauline « W.m Meister ». Une analyse comparée et complète des romans de Stendhal et de Goethe forme encore un desideratum de la recherche littéraire[70]. Lors de son analyse détaillée des rapports entre Goethe et Stendhal, Caterina Pasztory Pedroni décrit l'influence de *Wilhelm Meister* comme

---

[66] Johann Peter Eckermann, *Gespräche mit Goethe in den letzten Jahren seines Lebens. 1823-1832*, 2. Teil, Leipzig 1837, p. 60.

[67] Lettre de Christoph Martin Wieland à Charlotte Wilhelmine Geßner, le 10 février 1810 (Christoph Martin Wieland, *Briefwechsel*, Bd. 18, 1. Teil (Oktober 1809-Januar 1813), bearbeitet von Klaus Gerlach und Uta Motschmann, Berlin, Akademie Verlag, 2004, p. 86.)

[68] Waltraud Wiethölter, « Legenden. Zur Mythologie von Goethes *Wahlverwandtschaften* », dans : *Deutsche Vierteljahrs Schrift für Literaturwissenschaften und Geistesgeschichte*, 56. Jahrgang, Heft 1 / März, Stuttgart 1982, p. 7.

[69] Cf. Fernand Baldensperger, « Le dossier stendhalien de Goethe », dans : *Mélanges de philologie d'histoire et de littérature*. Offerts à Joseph Vianey, Paris 1934, pp. 333-343 ; Henri-François Imbert, « Le rouge et le jaune ou de l'affinité élective chez Goethe et Stendhal », dans : Victor Del Litto / Hermann Harder (éds.), *Stendhal et l'Allemagne*, Paris, Librairie A.-G. Nizet, 1983, pp. 125-133.

[70] Cf. également Michael Nerlich, « Zu Fragen der marxistischen Antike-Rezeption am Beispiel der *Wahlverwandtschaften* und der *Kartause von Parma* », dans : *Zum Problem der Geschichtlichkeit ästhetischer Normen. Die Antike im Wandel des Urteils des 19. Jahrhunderts*, Berlin, Akademie-Verlag, 1986, p. 55.

tangentielle[71], ce qui n'est pas, d'après elle, le cas des *Affinités électives*[72]. Marguerite Arnautovic quant à elle a déjà renvoyé à certaines similitudes notamment entre *Les Années d'apprentissage de Wilhelm Meister* et les romans *Armance* et *La Chartreuse de Parme* en précisant que l'analyse de celles-ci mériterait d'être approfondie[73]. Une analyse portant davantage sur les correspondances symboliques que sur celles qui sont relatives au contenu serait probablement plus fructueuse ; elle représente encore un desideratum de la recherche[74].

Pour illustrer le champ de ces similitudes, nous aimerions évoquer ici le prince de Parme, Ranuce Ernest, qui « passait sa vie dans les bois un marteau à la main[75] », ce qui représente somme toute un passe-temps plutôt inhabituel pour une personne de son rang. La passion du prince pour la minéralogie est évoquée à plusieurs reprises dans *La Chartreuse de Parme* : il est « fort en minéralogie[76] », il fait demander à Gina de lui amener quelques « échantillons de minéraux de la vallée d'Orta[77] », il est désigné comme un « savant en minéralogie[78] » et il « n'aime que la

---

[71] Caterina Pasztory Pedroni, « Goethe and Stendhal », op. cit., p. 512.

[72] « However, beyond these more or less superficial Goethean elements, there certainly is the strong influence of «Wahlverwandtschaften», an influence to which only an „avant-garde" writer like these Grenoblese could have been subject. » (Ibid., p. 545.)

[73] Marguerite Arnautovic, « Nouveaux aperçus sur Stendhal et Goethe. Stendhal „ détracteur " et débiteur de Goethe », dans : *Actes du XIIIe congrès international stendhalien*, Brunswick 1978, pp. 85-101.

[74] Nerlich s'est livré à une telle approche concernant la conception orphique des romans de Goethe (Michael Nerlich, *Apollon et Dionysos ou la science incertaine des signes*, op. cit., p. 142).

[75] Stendhal, « La Chartreuse de Parme », op. cit., p. 128.

[76] Ibid.

[77] Ibid., p. 401.

[78] Ibid., p. 408.

minéralogie[79] ». Cette prédilection pour la minéralogie s'explique dans un contexte alchimique puisque, selon Mircea Eliade, la minéralogie formerait l'une des origines de l'alchimie :

> *C'est dans les conceptions concernant la Terre-Mère, les minerais et les métaux et surtout dans l'expérience de l'homme archaïque engagé dans les travaux de la mine, de la fusion et de la forge, qu'il faut chercher, pensons-nous, une des principales sources de l'alchimie[80].*

Dans *Les Années de voyage de Wilhelm Meister* de Goethe, Montan alias Jarno et Fitz se promènent également à travers bois et montagnes munis d'un marteau. De plus, le roman s'ouvre sur une scène où Wilhelm voit son fils venir à lui, une pierre à la main, pierre aux reflets dorés que l'enfant a dénichée dans la montagne. Notre lecture alchimique de *La Chartreuse de Parme* renverra à plusieurs reprises aux parallèles entre les romans de Goethe et *La Chartreuse de Parme*.

Dans leurs travaux, Agnes Bartscherer,[81] Diethelm Brüggemann[82], Sabine Brandenburg-Frank[83], Yvette Kace Centeno[84],

---

[79] Ibid., p. 411.
[80] Mircea Eliade, *Forgerons et Alchimistes*, Paris, Flammarion, 1956, p. 119.
[81] Agnes Bartscherer, *Paracelsus, Paracelsisten und Goethes «Faust»*, Dortmund, Ruhfus, 1911.
[82] Diethelm Brüggemann, *Makarie und Mercurius. Goethes Wilhelm Meisters Wanderjahre als hermetischer Roman*, Bern, Peter Lang, 1999.
[83] Sabine Brandenburg-Frank, *Mignon und Meret. Schwellenkinder Goethes und Gottfried von Kellers*, Würzburg, Königshausen & Neumann, 2002.
[84] Yvette Kace Centeno, « L'alchimie et le Faust de Goethe », dans : Antoine Faivre / Frédérick Tristan (dir.), *Cahiers de l'Hermétisme. Faust*, Paris, Albin Michel, 1977, pp. 125-144.

Ronald Douglas Gray[85], Alice Raphael[86] et Waltraud Wiethölter[87] ont procédé à une analyse approfondie de la symbolique alchimique dans les œuvres littéraires de Goethe. Celui-ci thématisa l'histoire d'un alchimiste dans son drame *Faust*. Apparemment, il fut moins influencé par le drame *The Tragical History of Doctor Faustus* (1587) de Christopher Marlowe que par la légende de Faust véhiculée par le théâtre allemand de marionnettes[88]. Dans la pièce de marionnettes *Dr. Johannes Faust*, Faust se rend à la cour du duc de Parme où il tombe amoureux de la duchesse ; raison pour laquelle le duc de Parme veut l'empoisonner et Méphistophélès l'engage à s'enfuir.

Ce contexte pourrait-il expliquer le choix qu'a fait Stendhal de situer son roman à Parme ? Serait-ce une explication du personnage de la Fausta F. ? Ranuce Ernest IV ne voit-il pas en Fabrice un rival dans le cœur de Gina et ne cherche-t-il pas à l'empoisonner ? Et Fabrice, à un moment donné, ne joue-t-il pas le diable au-dessus des têtes des soldats lors de sa fuite[89] ? N'oublions pas non plus que, dans le roman de Stendhal *Armance ou quelques scènes d'un salon de Paris en 1827*, la mère d'Octave craint pour son fils qu'il ne finisse « comme le Faust de Goethe[90] ». De plus,

---

[85] Ronald Douglas Gray, *Goethe the alchemist. A study of alchemical symbolism in Goethe's literary and scientific works*, Cambridge, University Press, 1952.

[86] Alice Raphael, *Goethe and the Philosopher's Stone*, London, Routledge & Paul, 1965.

[87] Waltraud Wiethölter, « Legenden. Zur Mythologie von Goethes *Wahlverwandtschaften* », op. cit., pp. 1-64.

[88] Cf. Heinrich Düntzer, *Goethes Faust. Erster und zweiter Theil. Zum erstenmal vollständig erläutert*, Leipzig 1850, pp. 73-74.

[89] Stendhal, « La Chartreuse de Parme », op. cit., p. 381.

[90] Stendhal, « Armance », op. cit., p. 94.

nous trouvons dans ce roman une épigraphe issue de la *Tragical History of Doctor Faustus* de Marlowe[91].

Le personnage d'Octave est mélancolique, il cherche l'isolement, la solitude et s'intéresse à la chimie :

> *Mon goût pour la chimie, reprit Octave, n'était pas une passion, c'était un devoir que je m'étais imposé ; et Dieu sait, ajouta-t-il en soupirant, s'il n'eût pas été mieux d'être fidèle à ce dessein et de faire de moi un savant retiré du monde, [l'exemplaire Bucci : un imitateur de Newton [...]][92] !*

Or, Isaac Newton était non seulement physicien et mathématicien, mais également naturaliste et alchimiste[93], ce dont Stendhal avait sans aucun doute connaissance, tout comme du jeu de mots pratiqué par Newton qui choisit comme pseudonyme alchimique « Jeova sanctus unus », anagramme de la forme latine de son nom Isaacus Neuutonus[94]. Serait-ce la raison pour laquelle Madame de Bonnivet « *déclare* par Jéhovah[95] » qu'elle gardera le secret d'Octave ?

Quoique l'alchimie ne soit pas explicitement évoquée dans *La Chartreuse de Parme*, elle est cependant présente à travers les références multiples au temps de la Renaissance. Le roman se situe au XIXe siècle, mais le narrateur renvoie à plusieurs reprises au XVIe siècle, notamment lorsqu'il compare Fabrice à un héros du XVIe siècle :

---

[91] Ibid., p. 163.
[92] Ibid., p. 95 et p. 896 pour l'exemplaire Bucci.
[93] Cf. Karin Figala, « Newton », dans : Claus Priesner / Karin Figala (éds.), *Alchemie: Lexikon einer hermetischen Wissenschaft*, op. cit., pp. 252-258.
[94] Cf. Helmut Gebelein, *Alchemie*, op. cit., p. 305.
[95] Stendhal, « Armance », op. cit., p. 122.

> *Dans cette querelle, le premier mouvement de Fabrice fut tout à fait du XVIe siècle [...] En ce moment de passion, Fabrice oubliait tout ce qu'il avait appris sur les règles de l'honneur, et revenait à l'instinct, ou, pour mieux dire, aux souvenirs de la première enfance[96].*

Ces « souvenirs de la première enfance » seraient-ils un indice de la « renaissance » du cardinal Alexandre Farnèse au XIXe siècle ? Quoi qu'il en soit, Fabrice se destine à devenir cardinal à Parme comme son ancêtre. Certes, les références au XVIe siècle présentes dans *La Chartreuse de Parme* s'expliquent par le fait que le roman était inspiré entre autres par une ancienne chronique intitulée *Origine de la grandeur de la famille Farnèse*, mais l'évocation de la Renaissance s'explique également par l'intérêt porté au cadre historique et culturel de cette époque. La pensée alchimique était très répandue dans l'art italien de la Renaissance, surtout en peinture, ce qu'illustrent entre autres les décorations picturales du Palais Farnèse de Caprarola ainsi que celles de la Chambre de Saint-Paul à Parme. Parmegianino, peintre mentionné à plusieurs reprises par Stendhal, était également alchimiste.

3. Les connaissances secrètes dans la *Chartreuse de Parme*

L'alchimie était une science secrète. Seul le cercle des initiés la comprenait et la pratiquait en se basant sur une mystique des chiffres, la cryptographie et l'utilisation de symboles. Une image courante symbolisant le silence et la dissimulation du savoir alchimique

---

[96] Stendhal, « La Chartreuse de Parme », op. cit., p. 95.

représente Hermès posant un doigt sur ses lèvres (ill. 12)[97]. Dom Antoine-Joseph Pernety écrit dans la préface de son *Dictionnaire mytho-hermétique* :

> *Jamais Science n'eut plus besoin de Dictionnaire que la Philosophie Hermétique. [...] Les Auteurs avertissent eux-mêmes qu'on ne doit pas les entendre à la lettre ; qu'ils ont donné mille noms à une même chose ; que leurs Ouvrages ne sont qu'un tissu d'énigmes, de métaphores, d'allégories, présentées même sous le voile de termes ambigus, & qu'il faut se défier des endroits qui paroissent faciles à entendre à la première lecture*[98].

Dans *La Chartreuse de Parme*, nous sommes également confrontés aux signes secrets et au silence. Le lecteur n'apprend presque rien des travaux et des recherches de l'abbé Blanès si ce n'est qu'il s'intéresse à l'astrologie, prédit des événements et qu'il dispose d'un cellier dans son église[99]. Seul Fabrice a l'autorisation d'accéder au clocher où se trouve l'observatoire de l'abbé ; tous deux ont convenu d'émettre un sifflement comme signal de reconnaissance. Les paysans quant à eux prennent Blanès pour un « grand magicien[100] ».

Avant sa visite chez l'abbé Blanès, Fabrice se demande si l'art de Blanès est une science exacte :

---

[97] Concernant la figure d'Hermès Harpocrate cf. Claudia Benthien, *Barockes Schweigen. Rhetorik und Performativität des Sprachlosen im 17. Jahrhundert*, München, Wilhelm Fink Verlag, 2006, pp. 77-87.

[98] Dom Antoine-Joseph Pernety, *Dictionnaire mytho-hermétique, dans lequel on trouve les allégories fabuleuses des poetes, les métaphores, les énigmes et les termes barbares des philosophes hermétiques expliqués*, Paris 1787, p. V.

[99] Stendhal, « La Chartreuse de Parme », op. cit., p. 170.

[100] Ibid., p. 39.

Y aurait-il quelque chose de réel dans cette science ? Pourquoi serait-elle différente des autres[101] *?*

Et il s'obstinait à chercher comment ce pouvait être une science prouvée, réelle, dans le genre de la géométrie par exemple[102].

Le savoir secret se manifeste dans La Chartreuse de Parme au travers de messages codés et dérobés, tels qu'ils apparaissent dans l'alphabet (dit *alla monaca*) que Gina reproduit aves des signes lumineux, les textes cachés dans des livres, le recours au symbolisme des chiffres et la description symbolique des personnages[103].

En alchimie, on parle de la langue des oiseaux ou encore de la langue de cheval pour désigner le langage secret des initiés. Dans la tour Farnèse, Fabrice et Clélia communiquent d'une cage (la cellule de bois de Fabrice) à l'autre (la volière de Clélia, dans laquelle elle se met même à chanter pour communiquer avec Fabrice secrètement)[104]. En ce qui concerne les chevaux, nous reviendrons ultérieurement sur l'importance du symbole du cheval dans La Chartreuse de Parme. Pour le moment, nous nous limiterons à renvoyer au début du roman où l'abbé Blanès demande à Fabrice : « Que sais-je de plus sur un cheval […] depuis qu'on m'a appris qu'en latin il s'appelle *equus*[105] ? » Compte tenu qu'en latin, « cheval » ne se dit pas seulement « equus » mais également « caballus », cette remarque de l'abbé nous reporte au langage

---

[101] Ibid., p. 167.
[102] Ibid., p. 168.
[103] Ferrante Palla écrit p. ex. que le renard est sur sa trace (Ibid., p. 419.)
[104] Reinhard Krüger mentionne la langue des oiseaux mais sans la replacer dans un contexte alchimique. Cf. Reinhard Krüger, « Hieronymus in der Tour Farnèse oder die Erfindung der Zeichen », dans : Sybil Dümchen/Michael Nerlich (éds.), *Stendhal. Image et texte/Text und Bild*, op. cit., pp. 191-192.
[105] Stendhal, « La Chartreuse de Parme », op. cit., p. 39.

secret des alchimistes, défini par Françoise Bonardel de la façon suivante :

> *Langue (des oiseaux ou de cheval) : Eugène Canseliet insiste à juste titre sur la différence entre* cabale *(du latin* caballus, cheval*) et* kabbale *(de l'hébreu* kabbalah, tradition*). La « cabale phonétique » pratiquée par les alchimistes (en cela Argonautes) est également nommée « langue des Oiseaux » (ou des dieux), ou encore « Gaie Science » [...]. À la différence d'une simple recherche étymologique, cette langue fondée sur des jeux de mots, homophonies et anagrammes, cherche à faire jaillir la lumière de l'Esprit déposée sous l'écorce épaisse des mots et des choses depuis la Création*[106].

Outre l'art de la communication codée, le silence revêt également une grande importance dans le roman[107]. À Waterloo, Fabrice est invité à plusieurs reprises à se taire. Le devoir de silence se manifeste également avant son arrivée à Waterloo : la femme du geôlier lui demande de ne pas parler[108], ce qui le mène par la suite à communiquer par signes[109]. Fabrice engage aussi les autres à se taire, comme par exemple le valet Pépé qu'il rencontre après sa visite de l'église Saint-Pétrone[110]. Fabrice lui fait signe de se taire après avoir vu dans l'église un candélabre à sept bougies. Ce candélabre est un « triangle de fer placé verticalement sur un pied de même

---

[106] Françoise Bonardel, *Philosopher par le feu. Anthologie de textes alchimiques*, Paris, Éditions Almora, 2009, pp. 547-548.

[107] Cf. Michael Nerlich, *Apollon et Dionysos ou la science incertaine des signes*, op. cit., pp. 224-225.

[108] « [...] n'ouvre la bouche que le moins possible [...]. » (Stendhal, « La Chartreuse de Parme », op. cit., p. 54.)

[109] Ibid., p. 55.

[110] Ibid., p. 214.

métal[111] ». Le triangle posé sur un pied de métal est le symbole alchimique du soufre ou du soleil (ill. 14). Les sept bougies quant à elles renvoient aux sept planètes.

Si le lecteur hésite encore, pensant que tout cela est le fait du hasard et n'a rien à voir avec un symbolisme alchimique, il sera certainement convaincu en observant la tour Farnèse de *La Chartreuse de Parme* de plus près. L'importance de cette tour transparaît déjà à travers la précision avec laquelle elle est décrite. Sa forme est celle d'un pentagone. Or, le pentagramme est un symbole alchimique courant ; il symbolise les quatre éléments – le feu, l'air, l'eau et la terre – ainsi que ce qu'on nomme la quintessence (*quintia essentia*) – l'esprit[112]. Nous reviendrons ultérieurement sur la tour Farnèse. Pour l'instant, nous aimerions souligner le fait que la construction de cette tour se fit sous le sceau du secret :

> *Il était défendu de parler de cette construction, et de toutes les parties de la ville de Parme et des plaines voisines on voyait parfaitement les maçons placer chacune des pierres qui composent cet édifice pentagone[113].*

L'interdiction de parler, les maçons, les pierres et le pentagone renvoient à la signification hermétique et alchimique de la tour Farnèse dans *La Chartreuse de Parme*.

Pour attirer l'attention du lecteur, Stendhal a recours à des mises en relief typographiques ainsi qu'à des répétitions. L'annonce du retour de Napoléon de l'île d'Elbe, qui décide Fabrice

---

[111] Ibid., p. 213.

[112] « Diese vier Elemente bilden die materielle Basis der irdischen „sublunaren" Welt der Veränderungen, des Werdens und Vergehens. Die astralen Sphären bestehen nicht aus den irdischen Elementen, sondern aus der *Quintia essentia*, dem „Fünften Wesentlichen". » (Claus Priesner, *Geschichte der Alchemie*, München, Verlag C. H. Beck, 2011, p. 16.)

[113] Stendhal, « La Chartreuse de Parme », op. cit., p. 308.

à partir pour Waterloo, est racontée trois fois dans le roman[114]. Plusieurs fois, nous apprenons que Fabrice se fait passer pour Vasi, « marchand de baromètres *portant sa marchandise*[115] ». La cantinière questionne Fabrice à plusieurs reprises sur le vol de son cheval, au cours duquel il fut arraché de sa monture et jeté à terre. L'évasion de la tour Farnèse est décrite au préalable par Gina dans une lettre qu'elle envoie à Fabrice avant que nous ne suivions cette évasion en temps réel avec Fabrice lui-même. La question que la cantinière pose à Fabrice : « Pourquoi répéter si souvent [...] ce que nous connaissons [...] parfaitement bien[116] ? » s'adresse de fait également au lecteur et l'invite à chercher le sens caché du roman.

Ces répétitions ne se limitent pas aux descriptions des actions, des espaces et des choses[117], mais s'appliquent également aux personnages. Partant du fait que les protagonistes de *La Chartreuse de Parme* sont moins des caractères que des types qui remplissent des fonctions – comme nous l'avons déjà montré dans un travail antérieur en comparant des personnages avec certains types de la *commedia dell'arte*[118] –, les figures doivent réapparaître dès qu'un scénario se répète. Le processus alchimique représente un cycle auquel participent toujours les mêmes éléments (le soufre et le mercure, le soleil et la lune, etc.). Si *La Chartreuse de Parme* cache une symbolique alchimique, il est cohérent que nous

---

[114] Ibid., p. 48 ; p. 49 ; p. 105.

[115] Ibid., p. 53.

[116] Ibid., p. 80.

[117] Cf. Béatrice Didier, « Rappels, annonces et réitérations du récit », dans : José-Luis Diaz (éd.), *Stendhal. La Chartreuse de Parme ou la « chimère absente »*, actes du colloque d'agrégation des 6 et 7 décembre 1996, Paris, Éditions SEDES, pp. 27-40.

[118] Lydia Bauer, *Ein italienischer Maskenball. Stendhals « Chartreuse de Parme » und die commedia dell'arte*, Frankfurt am Main, Peter Lang, 1998.

retrouvions à plusieurs reprises les mêmes processus. Autrement dit, nous sommes persuadés qu'avec *La Chartreuse de Parme*, nous avons affaire à une transmutation permanente, au cycle de la naissance, de la mort et de la renaissance, tel que nous le trouvons réalisé dans le Grand Œuvre de l'alchimie.

4. Le cycle de la vie – les Parques

La Chartreuse de Parme ne thématise pas seulement le cycle de la vie mais aussi le destin de Fabrice del Dongo. Son destin prévisible ou non prévisible est au cœur du roman. À cet égard, l'abbé Blanès joue un rôle central. C'est lui qui prévoit le destin de Fabrice et l'introduit à la science des signes. Gina confie par ailleurs à Fabrice que son destin se trouve entre les mains des femmes : « Parlez donc avec plus de respect, dit la comtesse souriant au milieu de ses larmes, du sexe qui fera votre fortune […][119]. »

Dans la mythologie, ce sont les trois Parques qui sont responsables du destin individuel. Il s'agit de Clotho (qui tient le fil de la vie), de Lachésis (qui met le fil sur le fuseau et le mesure) et d'Atropos (qui coupe le fil de la vie). Pour le destin général au-delà du destin personnel, la mythologie connaît Ananké. Tyché (ou Fortuna) décide du destin heureux ou malheureux des hommes. Toutes ces figures sont étroitement liées entre elles. Ainsi Tyché est-elle souvent désignée comme Parque et Ananké comme la mère des Parques. Cette dernière est toujours montrée avec un fuseau à la main. Toutes ces personnifications du destin se retrouvent également représentées dans la Chambre de Saint-Paul à Parme.

---

[119] Stendhal, « La Chartreuse de Parme », op. cit., p. 51.

Trois lunettes de la Chambre de Saint-Paul désignent clairement Fortuna (ill. 4), Ananké[120] (ill. 5) et les trois Parques (ill. 6). Les fonctions des Parques se trouvent soulignées, comme le note entre autres Panofsky, par la représentation dans le fond de la lunette d'arbres, l'un vert, l'autre mort, qui symbolisent le contraste entre la vie et la mort ainsi qu'entre la rédemption et la destruction[121]. Dans la frise de la lunette apparaissent, respectivement sous Chloto et sous Atropos, un laurier et une hache. En outre, les Parques ont dans la Chambre de Saint-Paul des ailes qui renvoient, selon Michele Frazzi, au lien unissant les Parques au temps et à l'alchimie[122].

À travers l'image des trois Parques, l'alchimie symbolise le cycle de la vie. Les Parques incarnent à la fois les phases de la vie (la vieillesse, l'enfance, la maturité), les trois phases de la lune (la vieille lune, la jeune lune et la pleine lune), les couleurs qui sont associées à ces phases lunaires (le noir, le blanc et le rouge) ainsi que les trois phases du Grand Œuvre (*nigredo*, *albedo* et *rubedo*)[123].

On trouve également une allusion aux Parques, qui s'explique dans le cadre d'une symbolique alchimique, dans le roman préféré de Stendhal : *Les Années d'apprentissage de Wilhelm Meister*. Dans ce roman, nous rencontrons les Parques à travers le récit de Lothaire qui, lors de sa visite chez son ancienne amante Marguerite, se trouve confronté à la fois au passé, au présent et à l'avenir :

---

[120] Selon l'interprétation de Michele Frazzi, *Correggio. La Camera Alchemica*, op. cit., p. 82. Erwin Panofsky y reconnaît la figure de Sérapis (Erwin Panofsky, *The iconography of Correggio's Camera di San Paolo*, op. cit., p. 70.)

[121] Ibid., p. 36.

[122] Michele Frazzi, *Correggio. La Camera Alchemica*, op. cit., p. 87.

[123] Ibid., p. 86.

[...] *elle me conduisit dans la salle où je retrouvai presque tout à son ancienne place, et... chose étrange ! la belle cousine, son vivant portrait, assise sur l'escabeau derrière le rouet, dans l'attitude que j'avais si souvent vue à ma bien-aimée. Une petite fille, qui était tout à fait l'image de sa mère, nous avait suivis, et voici que, par la plus étrange des rencontres, je me trouvai entre le passé et l'avenir, comme dans un bois d'orangers où croissent, dans un espace étroit et dans le même temps, fleurs et fruits aux différents états de leur développement*[124].

[...] *sie führte mich in die Stube, wo ich beinahe noch alles auf dem alten Platze fand, und – sonderbar! die schöne Muhme, ihr Ebenbild, saß auf eben dem Schemel hinter dem Spinnrocken, wo ich meine Geliebte in eben der Gestalt so oft gefunden hatte. Ein kleines Mädchen, das seiner Mutter vollkommen glich, war uns nachgefolgt, und so stand ich in der sonderbarsten Gegenwart, zwischen der Vergangenheit und Zukunft, wie in einem Orangenwalde, wo in einem kleinen Bezirk Blüten und Früchte stufenweis neben einander leben*[125].

Nous allons retrouver ce « bois d'orangers » à plusieurs reprises dans *La Chartreuse de Parme*. Voyons maintenant l'allusion aux Parques dans *La Chartreuse de Parme*. Michael Nerlich a déjà

---

[124] Johann Wolfgang Goethe, Wilhelm Meister. « Les Années d'apprentissage », dans : Johann Wolfgang Goethe, « Wilhelm Meister. Les Années d'apprentissage », dans : *Romans*, traductions et notes par Bernard Grœthuysen, Pierre du Colombier et Blaise Briod, Paris, Éditions Gallimard, Bibliothèque de la Pléiade, 1954, p. 807.

[125] Johann Wolfgang Goethe, « Wilhelm Meisters Lehrjahre », dans : Johann Wolfgang Goethe, *Sämtliche Werke nach Epochen seines Schaffens*, Münchner Ausgabe, Karl Richter in Zusammenarbeit mit Herbert G. Göpfert, Norbert Miller und Gerhard Sauder (éds.), Bd. 5, herausgegeben von Hans-Jürgen Schings, München, Carl Hanser Verlag, 1988, p. 472.

analysé en détail le motif de l'éternel retour dans ce roman[126]. C'est pourquoi nous nous contenterons ici de rappeler que Fabrice devient cardinal de Parme comme son ancêtre Alexandre Farnèse (Alessandro Farnese) et que son fils s'appelle (Ales)Sandrino[127]. De plus, Fabrice prend deux fois l'identité d'un mort. Et finalement, sa fuite de la tour Farnèse s'apparente à une (re)naissance.

Par ailleurs, le motif du fil, indissociable des Parques, est très présent dans *La Chartreuse de Parme*. À plusieurs reprises, il y est question de couture. Ainsi, avant que Fabrice ne quitte la prison pour aller se battre à Waterloo, la geôlière rétrécit son uniforme :

Il raisonna avec la geôlière, qui, ce matin-là, était fort tendre ; et enfin, tandis qu'armée d'une aiguille elle rétrécissait les habits du hussard, il raconta son histoire [...][128].

À Zonders, nous retrouvons une scène comparable : la mère et ses deux filles (dont l'une se nomme Aniken) se mettent à coudre de l'argent dans les habits de Fabrice et les rétrécissent :

[...] il fallait le rétrécir infiniment. Aussitôt elles se mirent à l'ouvrage ; [...] Fabrice indiqua quelques napoléons cachés dans ses habits, et pria ses hôtesses de les coudre dans les vêtements qu'on venait d'acheter[129].

Manifestement, Fabrice n'a jamais de vêtements à sa taille, et il se trouve toujours quelque chose à raccommoder et à cacher dans

---

[126] Michael Nerlich, *Apollon et Dionysos ou la science incertaine des signes*, op. cit., pp. 134-135.
[127] Au même titre, Ranuce Ernest V suit Ranuce Ernest IV.
[128] Stendhal, « La Chartreuse de Parme », op. cit., p. 55.
[129] Ibid., p. 91.

ses habits. Même la comtesse Angelina Pietranera prend l'aiguille à la main pour coudre des diamants dans les habits de Fabrice :

> *Les sœurs de Fabrice entrèrent chez leur mère tandis que la comtesse cousait ces diamants dans l'habit de voyage de notre héros [...]*[130].

Curieusement, il n'est jamais question au cours du roman de Fabrice monnayant ces diamants ; le lecteur apprend seulement qu'il les porte sur lui. Nous reviendrons sur la relation que Fabrice entretient avec la pierre précieuse ultérieurement. À l'exception de la geôlière, ces travaux de couture sont toujours réalisés par trois femmes (compte tenu que les deux sœurs de Fabrice n'apparaissent qu'en tant qu'unité). Les deux sœurs représentent les jeunes filles, Angelina la femme mûre et la marquise la mère (celle-ci étant la plus âgée). Après la naissance de Fabrice, la marquise a planté un marronnier dont la verdure du feuillage décide Fabrice à partir pour Waterloo. Nous trouvons donc une symbolique végétale comparable à celle de la lunette de la Chambre de Saint-Paul.

Aniken pourrait être interprétée comme Ananké (la nécessité), le destin auquel on ne peut échapper. Parfois, le personnage d'Ananké était comparé à Atropos, Lachesis et Tyché (Fortuna)[131]. Il n'est pas surprenant qu'au moment où Fabrice pense à la Fausta, que Michael Nerlich a assimilé à Fortuna[132], il se mette en même temps à penser à Aniken[133], figure du destin.

---

[130] Ibid., p. 51.
[131] Armin Schmitt, *Wende des Lebens: Untersuchungen zu einem Situations-Motiv der Bibel*, Berlin 1996, p. 276.
[132] Michael Nerlich, *Apollon et Dionysos ou la science incertaine des signes*, op. cit., pp. 291-192.
[133] Stendhal, « La Chartreuse de Parme », op. cit., p. 226.

5. Diane – Luna – Hécate

Comme nous l'avons vu avec les Parques, on retrouve en alchimie beaucoup de triades. La déesse Diane est elle aussi une déesse triple, ce qui explique son lien avec l'alchimie. Figure centrale de l'alchimie, Diane se trouve aussi au centre des peintures dans la Chambre de Saint-Paul à Parme. Le signe de l'Ouroboros qui encercle les armoiries de Giovanna de Plaisance dans l'entrée de la chambre renvoie également à l'alchimie et à l'idée de l'éternel retour. Les trois croissants placés au centre des armoiries de l'abbesse et que l'on retrouve au centre du plafond de la chambre peinte par le Corrège reflètent les trois phases de la lune ainsi que les trois phases du processus alchimique : la vieille lune (noire), la jeune lune (blanche) et la pleine lune (rouge)[134]. En outre, en tant que déesse des randonneurs et des carrefours, Diane remplit la fonction de psychopompe, c'est-à-dire de guide des âmes. C'est une fonction qu'elle partage avec Hermès alias Mercure. Elle montre le chemin à suivre[135]. Dans la Chambre de Saint-Paul, Diane est montrée sur un chariot et elle indique de l'index la direction qu'il faut prendre[136]. Michele Frazzi souligne de plus que la déesse tient de sa main gauche le voile bleu de la nuit pendant qu'elle montre avec sa main droite ce qui se trouve derrière ce

---

[134] Michele Frazzi, *Correggio. La Camera Alchemica*, op. cit., p. 112.
[135] Ibid., p. 36. Selon Frazzi, Diane ressemble ici à Vénus : « Venere, dal canto suo, ha la stessa funzione, ossia quella di infiammare l'adepto d'amore per il divino (fiaccola); come la Luna, essa è la partner femminile della coniunctio, regina e casta sposa del re, sotto la forma della spirituale Venere Urania. » (Ibid., p. 36.)
[136] Ibid., p. 112.

voile[137]. Une telle lecture au deuxième niveau se prête également à *La Chartreuse de Parme*.

Tout comme les fresques de la Chambre de Saint-Paul sont organisées autour de la déesse Diane, *La Chartreuse de Parme*, elle, se construit autour du personnage d'Angelina del Dongo. Dans ce qui suit, nous montrerons le lien entre Angelina del Dongo et la déesse de la lune selon une perspective alchimique.

Diane est dans la mythologie la déesse de l'éther et de la lumière dans l'espace. Lorsqu'elle est déesse du ciel, elle est nommée Luna, lorsqu'elle est déesse de la terre, Diane, et en tant que déesse des enfers, son nom est Hécate ou Proserpine. Diane habite les bosquets et aime les fontaines. Dans le *Dictionnaire abrégé de la fable, pour l'intelligence des poëtes, des tableaux & des statues, dont les sujets sont tirés de l'histoire poëtique* de Nicolas Maurice Chompré, elle est décrite de la façon suivante :

> *Diane, Déesse de la chasse, fille de Jupiter & de Latône, & sœur d'Apollon. On l'appelloit Hecaté dans les Enfers, la Lune ou Phobé au ciel, & Diane sur la terre. [...] Quoi qu'il en soit, si elle n'étoit pas plus sage que les autres Déesses, elle faisait du moins semblant de l'être. Elle étoit presque toujours à la chasse, & n'habitoit que les bois, suivie d'une meute de chiens. Les Satyres, les Faunes, les Dryades, &c. célébroient des Fêtes en son honneur*[138].

Angelina del Dongo incarne la Diane Triformis que nous retrouvons sous ses trois formes dans la peinture du Corrège dans la Chambre de Saint-Paul et que Stendhal connaissait certainement

---

[137] Ibid.

[138] Nicolas Maurice Chompré, *Dictionnaire abrégé de la fable, pour l'intelligence des poëtes, des tableaux & des statues, dont les sujets sont tirés de l'histoire poëtique*, Paris 1745, p. 101.

à travers les manuels mythologiques de son époque ainsi que les textes des Anciens[139].

Dans la Chambre de Saint-Paul, Diane est représentée avec un croissant sur la tête, sur lequel est appliquée une perle. La perle symbolise la chasteté, mais en même temps, elle fait allusion à la sexualité. Dans *La Chartreuse de Parme*, la perle est associée à Gina qui donne à Fabrice « [...] une petite bourse ornée de perles ; c'était tout ce qu'elle possédait au monde[140]. » De plus, les lieux préférés de Gina sont les bois et le lac de Côme. Comparable à la déesse des fontaines, elle a accès au réservoir d'eau à Parme. Son caractère ressemble également à celui de Diane par sa diversité, voire sa versatilité : elle est aimable et cruelle, gaie et mélancolique.

La mélancolie de Gina est soulignée à plusieurs reprises. Après le départ de Fabrice pour Waterloo, Gina tombe dans une « profonde mélancolie[141]. » De même, lorsqu'elle apprend la relation de Fabrice et de Marietta, le comte la trouve plongée dans une « noire mélancolie[142] ». À Grianta, Gina se retire dans les bois dès qu'elle a un accès de mélancolie : « Il faut avouer qu'il y avait des journées où la comtesse n'adressait la parole à personne ; on la voyait se promener sous les hauts châtaigniers, plongée dans de sombres rêveries[143] » ; elle montre le même comportement à Sacca :

[...] un jour qu'elle avait la luna, *comme on dit dans le pays, elle était allée à l'improviste, sur le soir, à son château de Sacca,*

---

[139] En ce qui concerne le savoir mythologique de Stendhal cf. Michael Nerlich, *Apollon et Dionysos ou la science incertaine des signes*, op. cit., pp. 144-145.

[140] Stendhal, « La Chartreuse de Parme », op. cit., p. 48.

[141] Ibid., p. 110.

[142] Ibid., p. 163.

[143] Ibid., p. 47.

situé au delà de Colorno, sur la colline qui domine le Pô. Elle se plaisait à embellir cette terre ; elle aimait la vaste forêt qui couronne la colline et touche au château ; elle s'occupait à y faire tracer des sentiers dans des directions pittoresques[144].

Dans ce passage, nous retrouvons de manière explicite le lien qui unit la figure de Gina à Diane-Luna-Hécate, et cela particulièrement dans le mot *luna*, écrit en italique[145]. Gina n'est autre que Diane, ce qu'illustrent les chemins qu'elle trace, à l'instar de Diane Trivia, déesse des carrefours, comme le remarque aussi Antoine Banier dans *La mythologie et les fables expliquées par l'histoire* :

Elle [Diane] avoit encore plusieurs autres noms. Celui de Trivia, marquoit qu'elle étoit honorée dans les carrefours des rues & des chemins où l'on mettoit ordinairement ses statues[146].

Les carrefours se trouvent là où deux ou plusieurs chemins se croisent, mais également là où un chemin se divise en deux ; c'est le cas de la bifurcation que nous retrouvons face aux deux bras du lac de Côme. Les personnages de Gina et de Fabrice se trouvent dans le passage suivant exactement à l'endroit où le lac se divise en deux chemins d'eaux, deux branches, l'une voluptueuse et l'autre sévère :

[…] la villa Melzi de l'autre côté du lac, vis-à-vis le château, et qui lui sert de point de vue ; au-dessus le bois sacré des

---

[144] Ibid., p. 362.

[145] Nerlich souligne la ressemblance avec Hécate, mais il part du fait que Gina incarne Aphrodite. (Michael Nerlich, *Apollon et Dionysos ou la science incertaine des signes*, op. cit., p. 285.)

[146] Antoine Banier, *La mythologie et les fables expliquées par l'histoire*, t. II, Paris, 1738, p. 245.

Sfrondata *et le hardi promontoire qui sépare les deux branches du lac, celle de Côme, si voluptueuse, et celle qui court vers Lecco, pleine de sévérité [...]*[147].

Certes, le motif de la croisée des chemins s'inscrit dans une tradition littéraire, mais dans le contexte alchimique, il représente le processus de la séparation et de la conjonction, qui sont les opérations de base du Grand Œuvre (« *solve et coagula* »)[148]. Dans *Les Affinités électives* de Goethe, roman qui tire son titre d'un processus chimique, nous constatons que, dès la première page, il est question de la croisée des chemins symbolisant le processus de dissolution et de coagulation qui se produira entre Édouard et Ottilie[149] ainsi qu'entre le capitaine et Charlotte :

Le jardinier s'éloigna promptement. Édouard le suivit bientôt. Il descendit les terrasses, examina au passage les serres et les couches, jusqu'au moment où il parvint au ruisseau et, après avoir franchi un petit pont, à l'endroit où le sentier se divisait en deux branches vers les allées neuves, il laissa celle qui, par le cimetière, menait assez directement aux rochers, pour prendre l'autre qui, sur la gauche, s'élevait un peu plus loin doucement, à travers un agréable bosquet. À l'endroit où les deux chemins se rencontraient, il s'assit un instant, sur un banc bien placé [...][150].

Der Gärtner entfernte sich eilig und Eduard folgte bald. Dieser stieg nun die Terrassen hinunter, musterte, im Vorbeigehen,

---

[147] Stendhal, « La Chartreuse de Parme », op. cit., p. 45.
[148] Diethelm Brüggemann, *Kleist. Die Magie*, op. cit., p. 227.
[149] Nous gardons sciemment le nom du texte original au lieu d'Odile, nom utilisé dans la traduction.
[150] Johann Wolfgang Goethe, « Les Affinités électives », op. cit., pp. 125-126.

Gewächshäuser und Treibebeete, bis er ans Wasser, dann über einen Steg an den Ort kam, wo sich der Pfad nach den neuen Anlagen in zwei Arme teilte. Den einen, der über den Kirchhof ziemlich gerade nach der Felswand hinging, ließ er liegen um den anderen einzuschlagen, der sich links etwas weiter durch anmutiges Gebüsch sachte hinaufwand; da wo beide zusammentrafen, setzte er sich für einen Augenblick auf einer wohlangebrachten Bank nieder [...][151].

Mais revenons à *La Chartreuse de Parme* : Gina est la personne qui accompagne Fabrice depuis sa naissance et lui montre les chemins à suivre. À son retour de Waterloo comme à la suite du meurtre de Giletti, c'est toujours Gina qui lui dit ce qu'il faut faire. Et finalement, c'est encore elle qui lui indique la voie à suivre pour s'évader de prison et recouvrer la liberté. Elle conduit Fabrice dans sa voiture après Waterloo ainsi qu'après sa fuite de la tour Farnèse.

La fête que Gina organise en l'honneur de sa sainte patronne montre une fois de plus le caractère ambivalent de la duchesse, comparable à celui de la déesse à la fois bienfaisante et cruelle : tandis que Gina offre du vin aux gens de Sacca, elle fait inonder la ville de Parme en faisant ouvrir le réservoir d'eau, de même qu'elle commande la mort du prince de Parme. Le caractère de la déesse de la vengeance se révèle ici : Hécate. Gina se venge des gens qui ne l'ont pas aidée et l'ont trahie, à l'instar du prince et des habitants de Parme. Le côté diabolique de la duchesse transparaît également lors de sa conversation avec Ludovic ; elle le regarde avec des yeux « où éclatait la plus sombre fureur[152]. » Peu

---

[151] Johann Wolfgang Goethe, « Die Wahlverwandtschaften », op. cit., pp. 286-287.
[152] Stendhal, « La Chartreuse de Parme », op. cit., p. 387.

après, il est question de son « regard atroce[153] » qui va jusqu'à faire peur à Ludovic. Mais, comme Diane Lucifera, Gina incarne aussi la déesse de la lumière. Pendant la captivité de Fabrice dans la tour Farnèse, elle correspond avec lui par des signaux lumineux :

> *Elle lui dit elle-même par des apparitions de la lampe :* Je t'aime, bon courage, santé, bon espoir ! Exerce tes forces dans ta chambre, tu auras besoin de la force de tes bras[154].

Les illuminations de la fête de Sacca renvoient également à la déesse de la lumière. Diane Lucifera est en outre la déesse de la maternité ; elle est sage-femme et en tant que telle, elle est souvent comparée à Junon[155]. Cicéron écrit à propos de cette déesse, dans *De natura deorum* :

> *La lune tire son nom de* lucendo*; on l'appelle aussi* Lucine*. Chez les Grecs, les femmes en couche invoquaient Diane sous le nom de* Lucifera*. Ici elles invoquent de même Junon* Lucine[156].

Gina est présente dès la naissance de Fabrice, et dès lors, elle l'accompagne et le protège contre son père et son frère. Elle l'abreuve de conseils, lui donne des instructions et finalement, elle le ramène à la lumière après neuf mois de captivité, en lui envoyant les cordes qui l'aideront à quitter l'obscurité de sa cellule – tout comme l'enfant sortant du ventre de sa mère avec laquelle il est

---

[153] Ibid., p. 389.
[154] Ibid., p. 341.
[155] Toutes deux se trouvent également représentées dans la Chambre de Saint-Paul à Parme.
[156] Cicéron, *De la nature des dieux,* livre II, traduction française précédée d'une introduction sur le stoïcisme et la religion de Cicéron, avec un résumé analytique du livre, par E. Maillet, Paris 1887, p. 34.

lié par le cordon ombilical. À la fin de son évasion, après une chute brutale, il est déposé dans les bras de Gina, sa mère symbolique[157].

Dès que Fabrice cherche à passer inaperçu, il prend, dans l'entourage de Gina, le masque du chasseur. Ainsi, il se déguise après son retour de Waterloo en chasseur :

> *A un quart de lieue de la ville, on trouva un jeune chasseur de la connaissance de ces dames, et qui par complaisance, comme elles n'avaient aucun homme avec elles, voulut bien leur servir de chevalier jusques aux portes de Milan, où il se rendait en chassant*[158].

Pour entendre le chant de la Fausta dans le palais de Gina, il se déguise également en chasseur. Mais apparemment, il n'attire pas l'attention dans ce costume, car Gina ne le reconnaît qu'avec peine :

> *Qu'on juge de l'émotion de la duchesse, lorsque tout à fait vers la fin du concert elle remarqua un homme en livrée de chasseur, debout près de la porte du grand salon [...]*[159].

Tous ces faits illustrent de manière significative que le personnage de Gina del Dongo est une incarnation littéraire de la déesse mythologique Diane, ce qui corrobore l'existence d'un lien entre *La Chartreuse de Parme* de Stendhal et les peintures du Corrège

---

[157] Stendhal, « La Chartreuse de Parme », op. cit., p. 383. En ce qui concerne la symbolique de la naissance cf. entre autres : Victor Brombert, *La prison romantique. Essai sur l'imaginaire*, Paris, Librairie José Corti, 1975, p. 71 ; Michel Crouzet, *Rire et tragique dans « La Chartreuse de Parme »*, Paris, Eurédit, 2006, p. 57 ; Michael Nerlich, *Apollon et Dionysos ou la science incertaine des signes*, op. cit., 308.

[158] Stendhal, « La Chartreuse de Parme », op. cit., p. 97.

[159] Ibid., p. 229.

dans la Chambre de Saint-Paul à Parme. De plus, nous sommes d'accord avec Jean Petitot lorsqu'il constate dans son analyse de la scène de Waterloo de *La Chartreuse de Parme* qu'« [i]l n'y a pas que la Sanseverina qui est une peinture du Corrège. C'est *La Chartreuse de Parme* entière qui est *un tableau*, un paysage et une peinture d'histoire prophétiquement déroulés dans le temps[160]. » Ainsi Fabrice est-il également comparé à une figure du Corrège :

> *Au fait, ce jeune Fabrice est plein de grâces, grand, bien fait, une figure toujours riante… et, mieux que cela, un certain regard chargé de douce volupté… une physionomie à la Corrège, ajoutait le chanoine avec amertume[161].*

Dans la Chambre de Saint-Paul, nous voyons la peinture d'un beau jeune homme qui sourit. Panofsky compare cette peinture à Virtus, Aubin-Louis Millin et Ernst Hans Gombrich parlent d'Endymion, l'amant de la déesse Diane. Endymion est dans la mythologie chasseur et berger et est également décrit comme un astronome qui passe ses nuits dans les montagnes à observer la lune. Nous supposons que cette figure d'Endymion a servi de modèle au personnage stendhalien de Fabrice Del Dongo, astronome lui aussi. Dans *La Chartreuse de Parme*, il passe la nuit avec ses sœurs et Gina « sur la plate-forme d'une des tours gothiques du château[162] ». Gina a acheté un télescope et Fabrice est désigné comme le « savant de la troupe[163] ». Gina aime son neveu comme Diane aime Endymion. D'autre part, le sommeil d'Endymion est connu,

---

[160] Jean Petitot, « Waterloo : mythe, scène et décor dans *La Chartreuse de Parme* », op. cit., p. 266.
[161] Stendhal, « La Chartreuse de Parme », op. cit., p. 107.
[162] Ibid. 47.
[163] Ibid.

car c'est seulement en dormant que celui-ci peut garder son éternelle jeunesse. Tout comme Endymion, Fabrice nous est décrit à plusieurs reprises comme le beau jeune homme profondément endormi. Il dort dans la voiture de la vivandière :

> *A peine dans la voiture, notre héros, excédé de fatigue, s'endormit profondément.*
> *[...]*
> *Rien ne put le réveiller, ni les coups de fusil tirés fort près de la petite charrette, ni le trot du cheval que la cantinière fouettait à tour de bras*[164].

Il tombe dans un profond sommeil dans la maison d'Aniken :

> *Ce jour-là et ceux qui suivirent, Fabrice ne savait pas trop ce qu'on lui faisait, il dormait presque sans cesse*[165].

Et finalement, il dort dans les bras de Gina après sa fuite de la tour Farnèse :

> *Mais il n'avait ni la force de parler ni celle d'ouvrir les yeux ; il sentit qu'on le serrait ; tout à coup il reconnut le parfum des vêtements de la duchesse. Ce parfum le ranima ; il ouvrit les yeux ; il put prononcer les mots : – Ah ! chère amie ! puis il s'évanouit de nouveau profondément. [...] La duchesse avait été si bien servie que, malgré le profond sommeil de Fabrice, qu'elle prenait pour un évanouissement mortel, ce qui fit que trois fois elle fit arrêter la voiture, elle passait le Pô dans une barque*

---

[164] Ibid., pp. 70-71.
[165] Ibid., p. 90.

comme quatre heures sonnaient. [...] Ce ne fut qu'à dix lieues par-delà le Pô que le prisonnier se réveilla tout à fait [...][166].

Dans les passages qui suivent cette citation, il est encore deux fois question du sommeil de Fabrice. Il est le beau jeune homme dans les bras de la déesse chasseresse qui l'a enlevé, ce qui expliquerait que Fabrice soit alors « prisonnier ».

6. L'*Anima* – psychopompe

Tout au long de *La Chartreuse de Parme*, ce sont les femmes qui guident Fabrice. Gina déjà disait à Fabrice que les femmes feront sa fortune[167]. Mise à part la vivandière qui mène Fabrice indemne à travers le champ de bataille de Waterloo et qui se nomme Margot – ce qui signifie « la perle », symbole de Luna –, ce sont avant tout Gina et Clélia qui décident des actions de Fabrice. Toutes deux ont la fonction de l'*anima* alchimique. Celui-ci guide en alchimie l'adepte à la révélation divine. L'essentiel de cette figure est qu'elle ne guide pas seulement l'adepte mais s'unit à lui, devenant la partie féminine dans le mariage chimique. Elle se transforme en *vas* qui contiendra ou engendrera le *filius philosophorum*. Cette caractéristique explique pourquoi Gina est désignée dans le roman à la fois comme l'amante et comme la mère de Fabrice (mère au demeurant à laquelle elle ressemble, toutes deux étant comparées à l'« Hérodiade de Léonard de Vinci[168] ») :

---

[166] Ibid., pp. 383-385.
[167] Ibid., p. 51.
[168] Ibid., p. 28 ; pp. 271-272.

> *Fabrice parut aux yeux de la comtesse Pietranera comme un bel étranger qu'elle eût beaucoup connu jadis. S'il eût parlé d'amour, elle l'eût aimé [...]. Mais Fabrice l'embrassait avec une telle effusion d'innocente reconnaissance et de bonne amitié, qu'elle se fût fait horreur à elle-même si elle eût cherché un autre sentiment dans cette amitié presque filiale*[169].

Nous avons déjà parlé des similitudes entre Gina et les diverses incarnations de la déesse Diane dans la mythologie. Diane Lucifera est la déesse qui guide l'homme à travers le monde. Comme Mercure, elle remplit la fonction de psychopompe. Semblable à Diane Lucifera, Gina est porteuse de lumière : elle envoie des signaux lumineux à Fabrice et elle organise un feu d'artifice ainsi que de splendides illuminations à Sacca.

Notons qu'en matière de lumière, Clélia n'est pas en reste puisqu'elle envoie également des signaux lumineux à Fabrice. Hans-Werner Schütt renvoie au fait qu'en alchimie, lors du processus d'individuation, l'adepte rencontre, après avoir traversé la phase de la mélancolie, l'*anima*, que Schütt décrit comme un personnage angélique qui apparaît sous divers déguisements, qui sort de l'obscurité et qui correspond à la sœur mystique (*soror mystica*)[170]. En alchimie, l'*anima* est symbolisée par les oiseaux. À cet égard, aucun personnage de *La Chartreuse de Parme* ne peut être davantage assimilé à l'*anima* que Clélia. Elle vit comme un oiseau parmi ses oiseaux dans les airs du palais du gouverneur de Parme ; les choses terrestres lui sont étrangères.

Enfin, Clélia guidera Fabrice en dehors de la tour Farnèse en lui procurant les cordes, en donnant du vin aux soldats de garde et finalement en donnant avec sa lampe le signal qui indiquera le

---

[169] Ibid., p. 109.
[170] Hans-Werner, Schütt, *Auf der Suche nach dem Stein der Weisen*, op. cit., p. 514.

moment de sa fuite. Elle représente la *soror mystica* de l'alchimie :
« [...] je serai heureuse *dans les bornes d'une amitié de sœur* si
je puis contribuer à vous sauver[171]. »

Un autre aspect retient notre attention : comme la figure de
Mignon dans le roman *Les Années d'apprentissage de Wilhelm
Meister* de Goethe, Clélia ressemble à la Psyché alias *anima* du
mythe d'Amour et Psyché[172].

7. Fabrice – Mercure

Aux côtés de Gina, Fabrice est le deuxième personnage principal
de *La Chartreuse de Parme*. À y regarder de plus près, ce sont surtout ses actions et ses costumes qui déconcertent le plus. Fabrice
change sans cesse de nom, de vêtements et de lieux. Outre ces
changements extérieurs, nous remarquons également son évolu-
tion intérieure. Alors qu'il apparaît tout d'abord comme un personnage plutôt primaire, il devient savant après son séjour à Waterloo. Tout à coup, il sait lire et écrire. La recherche stendhalienne a

---

[171] Stendhal, « La Chartreuse de Parme », op. cit., p. 358. Nous soulignons.

[172] Cf. entre autres Hannelore Schlaffer, *Wilhelm Meister. Das Ende der Kunst und die Wiederkehr des Mythos*, Stuttgart, Metzler, 1980, pp. 75-79 ; Sabine Brandenburg-Frank, *Mignon und Meret. Schwellenkinder Goethes und Gottfried von Kellers*, op. cit., pp. 124-127 ; Gilbert Durand, *Le décor mythique de la Chartreuse de Parme*, op. cit., pp. 220-228 ; Michael Nerlich, *Apollon et Dionysos ou la science incertaine des signes*, op. cit., pp. 295-305 ; Jean-Pierre Richard, *Littérature et sensation. Stendhal. Flaubert*, Paris, Éditions du Seuil, 1954, p. 81.

parlé d'un processus d'initiation[173]. Nous pensons aussi qu'il s'agit d'une initiation, mais dans un contexte alchimique. Comme nous l'avons déjà évoqué, l'adepte passe de l'*Œuvre au noir* à l'*Œuvre au rouge* en passant par l'*Œuvre au blanc*. La transformation alchimique, symbolisée par l'adepte, se déroule dans un vase clos – l'athanor, le fourneau alchimique symbolisé en alchimie entre autres par la tour. Dans ce contexte, la succession des prisons dans lesquelles Fabrice est enfermé et dont nous parlerons plus tard s'explique. Tout d'abord, nous voudrions mettre en lumière les parallèles entre Fabrice et le Mercure alchimique ainsi que les divers symboles de Mercure tels que l'Ouroboros et le sagittaire.

Nous avons déjà renvoyé à l'importance d'Hermès Trismégiste pour l'alchimie et la franc-maçonnerie. Hermès Trismégiste était le dieu de l'astronomie, de l'astrologie et des chiffres ; et il était l'inventeur du langage et de l'écriture. Or Fabrice n'explore-t-il pas, guidé par l'abbé Blanès, les astres ? Et ne se dévoue-t-il pas de manière excessive à des calculs mathématiques ? Ainsi, nous lisons dans le roman qu'« [...] il passait quelquefois des soirées entières à faire des additions ou des multiplications énormes[174]. » Finalement, ne communique-t-il pas avec Gina et Clélia à l'aide d'alphabets qu'il conçoit – dans le cas de Clélia – lui-même[175] ? Ne peut-on parler d'une communication et d'un langage secrets ? Nous apprenons à propos des signes lumineux que Fabrice

---

[173] Cf. Michael Nerlich, « L'initiation du jeune républicain selon Éleusis ou les quatres chevaux de l'Apocalypse. *La Chartreuse de Parme* et Jean-Charles Dupuis, citoyen français », dans : *Recherches & Travaux*, n°46, Stendhal, la politique et l'Histoire. Grenoble 1994, pp. 103-134 ; Jean Petitot, « Waterloo : mythe, scène et décor dans *La Chartreuse de Parme* », op. cit., pp. 213-270.

[174] Stendhal, « La Chartreuse de Parme », op. cit., p. 39.

[175] Pour Fabrice comme inventeur de l'alphabet, cf. également Reinhard Krüger, « Hieronymus in der Tour Farnèse oder die Erfindung der Zeichen », op. cit., pp. 186-212.

échange avec Gina : « Mais tout le monde pouvait les voir et les comprendre ; on commença dès cette première nuit à établir des abréviations [...] »[176]. » Nous avons déjà évoqué l'importance du secret dans *La Chartreuse de Parme* et l'alchimie est une science secrète, ésotérique – au sens de non exotérique – enseignée uniquement aux initiés. Mais si nous partons de l'hypothèse que Fabrice renvoie à Hermès Trismégiste[177], il devrait représenter le Mercure, le symbole de « la *materia prima*, que l'on doit travailler afin de la sublimer[178]. »

Revenons à l'idée du cycle, chère à l'alchimie. Fabrice établit sans cesse une relation entre le haut et le bas, le ciel et la terre ainsi qu'entre la (re)naissance et la mort. Avant qu'il ne participe à la bataille de Waterloo, il est arrêté parce qu'on le soupçonne d'espionnage. Il reste 33 jours dans la prison de B... Le nombre de 33 jours correspond, pour les francs-maçons, à la durée du voyage que le néophyte entreprend, de la mort symbolique à la résurrection symbolique[179].

---

[176] Stendhal, « La Chartreuse de Parme », op. cit., p. 341.

[177] Nerlich fait également allusion au « Merkur Trismegistos » mais il le reconnaît dans le personnage de Gonzo (Michael Nerlich, *Apollon et Dionysos ou la science incertaine des signes*, op. cit., pp. 169-170.)

[178] Michel Cazenave (dir.), *Encyclopédie des symboles*, traduction de l'allemand : Françoise Périgaut, Gisèle Marie et Alexandra Tondat, Paris, Librairie Générale Française, 1996, p. 407.

[179] Diethelm Brüggemann, *Kleist. Die Magie*, op. cit., p. 294. Jean Petitot mentionne la symbolique chrétienne de la description de la bataille de Waterloo ce qui nous montre une nouvelle fois qu'ils existent des parallèles entre les symboles chrétiens, franc-maçons et alchimiques : « [...] Waterloo est le récit d'un *cycle existentiel complet* commençant par une naissance symbolique (l'évasion de la prison de B*** après 33 jours d'incarcération (notons évidemment au passage le symbolisme christique du nombre 33) et finissant par une mort symbolique [...]). » (Jean Petitot, « Waterloo : mythe, scène et décor dans *La Chartreuse de Parme* », op. cit., p. 221.)

Dans *La Chartreuse de Parme,* Fabrice tombe trois fois de suite dans un sommeil comparable à la mort. À la fin du troisième et au début du quatrième chapitres, il dort dans la voiture de la vivandière[180]. Nous avons déjà renvoyé dans un texte antérieur aux parallèles entre le sommeil de Fabrice et celui de Dante dans l'*Enfer* de la *Divine Comédie*[181]. Mais un autre aspect attire notre attention : le cheval de la vivandière s'appelle « Cocotte ». La vivandière assume une fonction nourricière, vitale et maternelle[182]. En appelant son cheval « Cocotte », Stendhal renvoie à la marmite en fonte et par là même, au processus d'échauffement qui mène lentement à la transformation des substances organiques.

Le deuxième sommeil saisit Fabrice dans la maison d'Aniken[183]. Il a déjà été souligné qu'Aniken, sa sœur et sa mère, représentent les trois Parques symbolisant le destin individuel. Ce n'est donc pas un hasard si Fabrice perd et retrouve la vie de manière symbolique dans cette maison.

Finalement, Fabrice tombe dans un profond sommeil dans les bras de Gina après son évasion de la tour Farnèse. Nous avons vu que la durée de neuf mois de captivité de Fabrice et les cordes qui rappellent le cordon ombilical évoquent une naissance ou plutôt une renaissance symbolique du héros. De plus, Fabrice prend à deux reprises au cours du roman les noms de personnes mortes :

---

[180] « A peine dans la voiture, notre héros, excédé de fatigue, s'endormit profondément. Rien ne put le réveiller, ni les coups de fusil tirés fort près de la petite charrette, ni le trot du cheval que la cantinière fouettait à tour de bras. » (Stendhal, « La Chartreuse de Parme », op. cit., pp. 70-71.)

[181] Lydia Bauer, « De l'enfer aux étoiles. L'idéal de l'amour inaccessible. La conception de l'amour dans la *Chartreuse de Parme* de Stendhal », dans : *L'Année Stendhal*, n°5, Paris, 2006, p. 176.

[182] Cf. également Gilbert Durand, *Le décor mythique de la Chartreuse de Parme*, op. cit., p. 151.

[183] « […] il dormait presque sans cesse […]. » (Stendhal, « La Chartreuse de Parme », op. cit., p. 90.)

à Waterloo, il s'appelle Boulot et plus tard, il prendra l'identité de Giletti après l'avoir tué. Il sera encore question ultérieurement de la transformation extérieure et intérieure de Fabrice.

C'est grâce à Michael Nerlich que le nom « Vasi » adopté par Fabrice pour partir à Waterloo et traverser la frontière sans être reconnu ainsi que son statut de « marchand de baromètres portant sa marchandise » ont été interprétés comme renvoyant aux « vasi communicanti[184] ». Le contenu de ces vases communicants qui représentent le rééquilibrage continu, la « transmigration[185] », est le mercure. Tout porte à croire que Fabrice n'incarne pas, comme Nerlich le suppose, Eros, mais Mercure, ce qui explique que Fabrice prenne avec Boulot le nom d'un soldat qui a volé une vache[186], tout comme Hermès-Mercure a volé la vache de Zeus. Fabrice a pris son identité : « j'ai pour ainsi dire succédé à son être…[…][187] » De plus, le départ survient au moment où Fabrice aperçoit un aigle au-dessus du lac de Côme. Or, l'aigle n'est pas seulement « l'oiseau de Napoléon[188] » ; en alchimie, il est le symbole de Mercure[189]. Le vif-argent est attribué en alchimie à la planète Mercure, la planète la plus proche du soleil et la plus rapide. L'importance du mercure réside dans sa variabilité ; il peut s'amalgamer avec d'autres métaux, se trouve également dans des

---

[184] Michael Nerlich, *Apollon et Dionysos ou la science incertaine des signes*, op. cit., p. 138.
[185] Ibid.
[186] Stendhal, « La Chartreuse de Parme », op. cit., p. 82.
[187] Ibid., p. 55.
[188] Ibid., p. 49.
[189] Christian Montésinos, *Dictionnaire raisonné de l'alchimie et des alchimistes*, op. cit., p. 44.

matériaux non métalliques et est capable de se déplacer entre différents composés[190].

Fabrice incarne le mercure changeant. Il est un migrant, un « voyageur[191] » et un pèlerin[192], qui traverse sans cesse les frontières et adopte de multiples identités.

Mais revenons au nom de « Vasi ». Le vase hermétique est le récipient des alchimistes dans lequel la transformation a lieu. La pierre philosophale se constitue par la jonction du soleil (or), de la lune (argent) et de Mercure (mercure). Fabrice incarne ce vase, puisqu'il subit une transformation permanente qui se manifeste extérieurement par ses divers noms et ses déguisements et intérieurement par une transformation intellectuelle qui le fait évoluer de l'enfant naïf à l'homme conscient, lisant et écrivant :

> *[...] Fabrice devint comme un autre homme, tant il fit des réflexions profondes sur les choses qui venaient de lui arriver. [...] Pour la première fois de sa vie il trouva plaisir à lire [...][193].*

Fabrice est malléable comme le mercure. Il se lie facilement et naturellement avec les autres : « J'aime sans doute, comme j'ai bon appétit à six heures[194] ! » Ce trait de caractère transparaît également dans ses relations avec des femmes telles que la geôlière,

---

[190] Hans-Werner, Schütt, *Auf der Suche nach dem Stein der Weisen*, op. cit., p. 101.

[191] Stendhal, « La Chartreuse de Parme », op. cit., p. 394.

[192] Annie Colet renvoie au fait que Fabrice passe la nuit dans l'« auberge del Pellegrino » : « [...] et effectivement n'est-il pas alors à la recherche de ce qui donnera un sens à sa vie : la prison de Parme ? » (Annie Colet, « Nuit et lumière dans l'œuvre romanesque de Stendhal. L'influence du romantisme italien », op. cit., p. 305.)

[193] Stendhal, « La Chartreuse de Parme », op. cit., p. 93.

[194] Ibid., p. 224.

Marietta, Bettina, etc. Nous verrons dans ce qui suit qu'il participe effectivement à la production de la pierre philosophale.

Fabrice symbolise dans *La Chartreuse de Parme* les trois étapes de l'Œuvre alchimique : il apparaît comme le père de Gina (*nigredo*), comme son fils (*albedo*) et comme son amant (*rubedo*), comme nous le voyons dans le passage qui se déroule au lac de Côme. De même, nous discernons trois incarnations de Gina. Ici, la triade dont il était auparavant question apparaît clairement : Gina représente, comme les Parques, l'enfance (la fille), la vieillesse (la mère) et la maturité (l'amante) :

– Voyez mon père, dit la comtesse en montrant Fabrice. [...] Et vous, qui êtes-vous ? dit-il à Fabrice. – Mon fils, reprit la comtesse : Ascagne, fils du général de division Pietranera. [...] Clélia Conti remarqua la nuance d'enthousiasme avec laquelle une aussi belle dame que la comtesse parlait à Fabrice ; certainement elle n'était pas sa mère[195].

En tant que Mercure, Fabrice représente l'Ouroboros[196]. Cela pourrait expliquer que Fabrice, dans un passage non publié de *La Chartreuse de Parme*, soit comparé à un serpent :

Quelle pâleur sur la figure de celui-ci ! Il en est vert. Je ne dis rien de ce regard de serpent *[...]. [...] Son habit noir et ses yeux singuliers le faisaient particulièrement repousser par les*

---

[195] Ibid., pp. 97-101. Nous soulignons.
[196] Cf. la définition de Carl Gustav Jung : « Le serpent est le Mercurius qui, en tant que substance fondamentale [...] se forme lui-même dans l'eau et avale la nature à laquelle il est uni [...]. » (Carl Gustav Jung, *Psychologie et alchimie*, op. cit., p. 327.)

gendarmes d'élite qui lui trouvaient quelque chose du serpent *et un air non français*[197].

Fabrice incarne le cycle éternel de la nature. Il se met plusieurs fois au monde. Incarnant Mercure, il fait partie du mariage alchimique et il naît de cette liaison en tant que Mercure. Il est au début et à la fin du Grand Œuvre. Et c'est exactement ce cycle qui est symbolisé en alchimie par l'Ouroboros, l'animal alchimique que nous retrouvons à plusieurs reprises sur les portes de l'entrée de la Chambre de Saint-Paul à Parme.

En tant que début et fin du Grand Œuvre – soit en tant que *prima materia* et *lapis philosophorum* –, Mercure incarne la double nature : il est le bas et le haut, le diable et le Rédempteur[198]. Comparable à la Diana Triformis, Mercure a donc un côté diabolique, à l'instar du Méphistophélès de Goethe, tel que Carl Gustav Jung l'interprète[199]. Cela explique pourquoi Fabrice joue pendant sa fuite de la tour Farnèse le diable et pourquoi sa cellule est infestée de rats. Face à la *mammacia*, une vieille femme qui sert de mère à la Marietta, Fabrice révèle une nouvelle fois son côté cruel[200], que nous retrouvons chez son père naturel, le lieutenant Robert : « [...] le général [...] était grand, mince, et avait la figure sèche et l'œil terrible[201]. »

La double nature de Mercure est également illustrée par l'image du Sagittaire ou du centaure qui symbolise en alchimie le Mercure[202]. La signification du cheval apparaît dès le début de

---

[197] Stendhal, « La Chartreuse de Parme », op. cit., pp. 511-512. Nous soulignons.

[198] Cf. Carl Gustav Jung, *Psychologie et alchimie*, op. cit., p. 91.

[199] Ibid., pp. 93-95.

[200] Stendhal, « La Chartreuse de Parme », op. cit., p. 224.

[201] Ibid., p. 68.

[202] Cf. Michele Frazzi, *Correggio. La Camera Alchemica*, op. cit., p. 50.

La Chartreuse de Parme lorsque l'abbé Blanès réfléchit sur le mot latin « equus[203] ». Jean Petitot voit dans cette remarque une allusion au signe zodiacal du Sagittaire[204]. À Waterloo notamment, les chevaux ont une signification symbolique[205]. Petitot souligne que Fabrice se fond sur le champ de bataille avec son cheval et qu'ils forment une unité : « Dès qu'il le monte, Fabrice devient un centaure [...][206]. » Pour Petitot, le cheval représente un psychopompe[207] qui mène Fabrice à travers le chaos :

> *L'univers des hussards est un univers en partie dominé par la figure du cheval. Celui-ci y fonctionne comme un véritable personnage. En fait, c'est lui, plus que le maréchal Ney ou le général comte d'A***, qui en est le véritable « maître ». Dès le début, il destine Fabrice. Avec son fameux « Eh bien soit ! » [...], Fabrice s'abandonne à la volonté du Destinateur. Au lieu de continuer à contenir son cheval qui se cabre, il lui « rend la bride » et celui-ci, « laissé à lui-même », « partit ventre à terre et alla rejoindre l'escorte » en le faisant changer d'univers. C'est dire que le cheval « de général » s'impose d'emblée comme une métamorphose du Destinateur, comme une figure psychopompe[208].*

---

[203] Stendhal, « La Chartreuse de Parme », op. cit., p. 39.

[204] « [...] la fameuse référence au terme *equus* doit, je pense, s'interpréter en clef zodiacale comme référant au signe *equus* c'est-à-dire au Sagittaire. » (Jean Petitot, « Waterloo : mythe, scène et décor dans *La Chartreuse de Parme* », op. cit., p. 229.)

[205] Michael Nerlich, « L'initiation du jeune républicain selon Éleusis ou les quatres chevaux de l'Apocalypse », op. cit., pp. 103-134.

[206] Jean Petitot, « Waterloo : mythe, scène et décor dans La Chartreuse de Parme », op. cit., p. 236.

[207] Ibid., p. 241.

[208] Ibid.

La double fonction du Mercure alchimique qui est à la fois le guide vers le Grand Œuvre et une partie de celui-ci apparaît ici clairement.

8. Autres personnifications de Mercure

Fabrice n'est pas la seule personnification de Mercure dans *La Chartreuse de Parme*. Nous y trouvons au moins trois autres personnages qui ressemblent à Mercure : le lieutenant Robert, Ferrante Palla et Ludovic San Micheli.

Les rapports entre le lieutenant Robert et Mercure ainsi qu'entre Ludovic et Mercure ont déjà étés analysés en détail par Michael Nerlich, de sorte que nous nous bornons ici à renvoyer à ses analyses[209]. Nous voudrions seulement ajouter un aspect qui nous paraît intéressant : la teinture des lacets. Avant de dîner avec les dames, le lieutenant Robert teint « [...] en noir avec de l'encre les malheureuses ficelles des souliers[210]. » D'après nous, il ne s'agit pas seulement d'attirer l'attention du lecteur sur les chaussures inhabituelles de Robert, mais aussi de renvoyer à l'« art des teintures » comme on désignait également l'alchimie, d'autant plus que la pierre philosophale était aussi une teinture[211].

Alors que la ressemblance entre Fabrice et Robert s'explique par leur filiation, les ressemblances entre Ferrante Palla, Ludovic et Fabrice sont explicitement énoncées dans le roman. Ainsi Gina écrit-elle à son neveu à propos de Ferrante Palla : « [...] c'est un voleur de grand chemin de mes amis, homme d'exécution s'il en

---

[209] Michael Nerlich, *Apollon et Dionysos ou la science incertaine des signes*, op. cit., pp. 120-121 ainsi que pp. 167-169.
[210] Stendhal, « La Chartreuse de Parme », op. cit., p. 28.
[211] Claus Priesner, *Geschichte der Alchemie*, op. cit., p. 23.

fut, et qui a autant de courage que toi [...]²¹². » En outre, elle mentionne que Ferrante est « agile et leste » comme Fabrice et qu'il s'est échappé trois fois de prison²¹³. Ferrante se caractérise par sa vitesse²¹⁴ et sa folie²¹⁵. Or, nous apprenons de Fabrice qu'il est devenu fou pendant sa captivité dans la tour Farnèse : « Il est fou, pensa la duchesse, la prison l'a changé [...]²¹⁶. » Et le fou est en alchimie la figure symbolique du mercure :

*Le fou est le symbole du mercure, du Grand Œuvre, par analogie avec l'extrême mobilité du mercure métallique et sa capacité à se diviser comme à se rassembler*²¹⁷.

La « mobilité » et la « capacité à se diviser comme à se rassembler » qui caractérisent le mercure se reflètent dans les mouvements rapides de Ferrante, dans ses égarements sans but ainsi que dans ses déguisements. De plus, Ferrante est celui qui porte la bourse,

---

[212] Stendhal, « La Chartreuse de Parme », op. cit., p. 352.

[213] Ibid., p. 353.

[214] « [...] il prit la fuite avec une rapidité prodigieuse qui étonna la duchesse [...]. » (Ibid., p. 365) ; « Ferrante, après l'avoir suivie quelque temps en gambadant dans le bois [...], fondit sur elle avec la rapidité de l'épervier [...]. » (Ibid., p. 366.)

[215] « Ce dévouement si sincère de la part d'un voleur et d'un fou toucha vivement la duchesse. » (Ibid., pp. 367-368) ; « La duchesse comprit qu'il était un peu fou [...]. » (Ibid., p. 363) ; « Il est fou, lui dirent ses gens [...]. » (Ibid., p. 365.)

[216] Ibid., p. 358 ; cf. également : « L'homme du coup de pistolet au valet de chambre s'écria que l'ennui t'avait rendu fou. » (Ibid., p. 354.)

[217] Christian Montésinos, *Dictionnaire raisonné de l'alchimie et des alchimistes*, op. cit., p. 199.

il est *Hermes sakrophoros*[218]. Gina offre à Ferrante sa bourse[219] comme elle l'a fait à Fabrice avant qu'il ne parte pour Waterloo[220]. Comme Fabrice, Ferrante a des connaissances artisanales et il habite dans une cabane dans la forêt[221]. Un autre indice étayant le fait que Ferrante représente Mercure est qu'il est un voleur – comme le lieutenant Robert qui vole le cheval de Fabrice. Tout comme Hermès Trismégiste, il a de par sa formation de médecin des connaissances médicales[222]. Il s'agit là d'ailleurs d'une ressemblance avec la troisième incarnation de Mercure : Ludovic, qui sait très bien traiter les blessures[223]. Ludovic, Ferrante et Robert se ressemblent autant en ce qui concerne leurs aspects extérieurs – ils portent tous des vêtements en loques – que leurs facultés intellectuelles et physiques. Tous trois sont des poètes et ils disposent d'une même agilité. Ludovic et Ferrante gravissent des tours à l'aide d'échelles et en redescendent avec des cordes pour en éprouver la solidité[224] et s'assurer ainsi du trajet qu'effectuera

---

[218] Cf. Michael Nerlich, *Apollon et Dionysos ou la science incertaine des signes*, op. cit., p. 170. Nerlich reconnaît Mercure en Gonzo, qui est également un fou.

[219] Stendhal, « La Chartreuse de Parme », op. cit., p. 366.

[220] Ibid., p. 48.

[221] Pour d'autres parallèles entre Fabrice et Ferrante, cf. Shoshana Felman, « La „ folie " dans *La Chartreuse de Parme* », dans : Pierre-Louis Rey (éd.), *Stendhal « La Chartreuse de Parme »*, Paris, Klincksieck 1996, pp. 147-148.

[222] Stendhal, « La Chartreuse de Parme », op. cit., p. 364.

[223] « Quant aux blessures, je m'y connais. » (Ibid., p. 206.)

[224] « […] avant de parler une seconde fois de fuite à la duchesse, Ferrante la supplia d'envoyer Ludovic, avec des hommes sûrs, disposer une suite d'échelles auprès de cette tour. En présence de la duchesse, il y monta avec les échelles, et en descendit avec une simple corde nouée ; il renouvela trois fois l'expérience, puis il expliqua de nouveau son idée. Huit jours après, Ludovic voulut lui aussi descendre de cette vieille tour avec une corde nouée […]. » (Ibid., p. 372.)

Fabrice en s'échappant de la tour Farnèse. Nous retrouvons ici l'image décrite dans la *Table d'Émeraude* de l'éternelle ascension et descente ainsi que du cycle de la mort et de la renaissance. Vient s'ajouter la légèreté quasi acrobatique des mouvements de ces personnages qui renvoie au mercure volatil et malléable et se trouve illustrée par exemple dans la traversée des canaux que Fabrice et Ludovic effectuent à l'aide de planches :

> *Ludovic fit passer plus de vingt fossés à Fabrice. Il y avait des planches fort longues et fort élastiques qui servaient de ponts sur les plus larges de ces fossés ; Ludovic retirait ces planches après avoir passé*[225].

La figure de Mercure est d'ailleurs également présente dans l'œuvre de Goethe. Heinz Schlaffer[226] de même que Waltraud Wiethölter[227] ont assimilé par exemple le personnage de Mittler[228], dans *Les Affinités électives,* à Mercure. Ce personnage, appelé Courtier dans la traduction française, se caractérise par sa rapidité prodigieuse, il est « lunatique » et semble également former une unité avec son cheval :

> *M. Courtier est tombé en bombe dans la cour du château [...] leur hôte lunatique les effaroucha bientôt. Il n'avait pu se tenir*

---

[225] Ibid., p. 206.
[226] Heinz Schlaffer, « Namen und Buchstaben in Goethes «Wahlverwandtschaften» », dans : Norbert W. Bolz (éd.), *Goethes Wahlverwandtschaften. Kritische Modelle und Diskursanalysen zum Mythos Literatur*, Hildesheim, Gerstenberg Verlag, 1981, pp. 211-229.
[227] Waltraud Wiethölter, « Legenden. Zur Mythologie von Goethes *Wahlverwandtschaften* », op. cit., p. 48.
[228] Mot allemand signifiant : entremetteur.

*tranquille au château, et avait galopé ventre à terre, à travers le village [...]*²²⁹.

Herr Mittler ist in den Schloßhof gesprengt. [...] der närrische Gast verscheuchte sie gleich. Denn dieser hatte keine Ruh im Schloß gehabt, war spornstreichs durchs Dorf [...] geritten [...]²³⁰.

9. L'abbé Blanès – Saturne

Une lunette de la Chambre de Saint-Paul représente un vieil homme assis sur une chaise et tenant un épi dans sa main droite (ill. 7). Erwin Panofsky a assimilé ce vieillard, à cause de son tempérament mélancolique et introspectif, au dieu romain de l'agriculture Saturne²³¹ – Cronos en grec –, qui était le père de Junon, qui était quant à elle assimilée à Diana Lucina.

La Chartreuse de Parme comporte également la description d'un vieillard assis sur une chaise : l'abbé Blanès. Mais la similitude entre les deux vieillards ne se limite pas à leur position assise, quoique le narrateur mentionne trois fois la chaise de Blanès²³². Comme Michael Nerlich l'a déjà démontré, il existe une corrélation étroite entre l'abbé Blanès et le dieu Saturne. Nerlich évoque ainsi les cadeaux faits par Gina à Blanès, des « pelisses » et un

---

[229] Johann Wolfgang Goethe, « Les Affinités électives », op. cit., pp. 135-136.
[230] Johann Wolfgang Goethe, « Die Wahlverwandtschaften », op. cit., pp. 297-298.
[231] Erwin Panofsky, *The iconography of Correggio's Camera di San Paolo*, op. cit., p. 71.
[232] Stendhal, « La Chartreuse de Parme », op. cit., p. 170 ; p. 172 ; p. 178.

« quart de cercle » : c'est-à-dire des attributs de Cronos[233]. Le cellier doté de cuves et le pressoir situés en bas du clocher de Blanès[234] rappellent quant à eux Saturne, le « dieu des récoltes[235] ». En outre Blanès prédit l'avenir à Fabrice : il représente le destin[236].

Voyons maintenant le rapport à l'alchimie en revenant tout d'abord à la Chambre de Saint-Paul et à l'interprétation alchimique du bas-relief de Saturne par Michele Frazzi. Celle-ci identifie Saturne à l'*Œuvre au noir*. C'est le roi malade et moribond qui doit mourir pour renaître sous les traits d'un jeune homme, voire sous la forme d'une pierre philosophale. Selon Michele Frazzi et la logique alchimique, le roi et son fils sont une seule et même personne et ils représentent la transformation de l'adepte depuis l'origine du chaos jusqu'à la phase illuminée de l'*Œuvre au rouge*[237].

Saturne est la planète la plus éloignée du soleil (alors que Mercure est la plus proche) ; c'est la planète qui se déplace le plus lentement. C'est pourquoi elle est représentée en alchimie sous les traits d'un vieillard. Saturne, ou Cronos, était également le dieu du temps. Du moins, depuis l'Antiquité, cette étroite relation erronée avec « Chronos[238] » fut-elle maintenue. C'est la raison pour laquelle Saturne, sur les illustrations alchimiques, est souvent représenté avec des symboles du temps et de l'évanescence : le sablier et la faux (ill. 13). En alchimie, Saturne est associé à la mort

---

[233] Michael Nerlich, *Apollon et Dionysos ou la science incertaine des signes*, op. cit., pp. 177-178.
[234] Stendhal, « La Chartreuse de Parme », op. cit., p. 170.
[235] Michael Nerlich, *Apollon et Dionysos ou la science incertaine des signes*, op. cit., p. 178.
[236] Stendhal, « La Chartreuse de Parme », op. cit., p. 172.
[237] Michele Frazzi, *Correggio. La Camera Alchemica*, op. cit., p. 75.
[238] Cf. Diethelm Brüggemann, *Kleist. Die Magie*, op. cit., p. 128.

et au plomb qui, lui, représente la matière première, à savoir, le point de départ de l'Œuvre :

Pour les alchimistes, le plomb était un métal proche de l'or, et certaines de leurs légendes racontent des transmutations couronnées de succès au cours desquelles du plomb fondu aurait été transformé en or par addition de la « pierre de la sagesse ». Cette métamorphose est le symbole de la purification de l'homme, ancré dans le monde terrestre et matériel, qui s'élève jusqu'à une spiritualité solaire[239].

Le plomb comme symbole de Saturne joue un rôle important dans la tour Farnèse où Fabrice est enfermé. Ainsi, trois balles de plomb lui sont lancées dans sa cellule. Mais nous reviendrons sur ce point plus tard. Le plomb rappelle l'accélération du temps dans le processus alchimique de même que l'abolition du temps par la transformation de la matière.

L'abbé Blanès est le maître et le père « spirituel » de Fabrice. Durant la nuit, il se retire dans sa tour et se dédie aux étoiles et aux chiffres. Les laboratoires alchimiques avaient cette particularité, peu importe où ils se trouvaient – qu'il s'agisse de caves, de greniers de couvents, de cours princières ou de maisons privées – d'être toujours soustraits au regard du public[240]. Le travail de Blanès dans *La Chartreuse de Parme* est également soumis au sceau du secret. Seul Fabrice a le droit de se rendre dans la tour : tous deux ont convenu d'un signal, un sifflement[241]. Pour plaire à Blanès, Fabrice se consacre à des calculs mathématiques énormes,

---

[239] Cazenave Michel (dir.), *Encyclopédie des symboles*, op. cit., p. 538.
[240] Lawrence M. Principe, « Laboratorium », dans : Claus Priesner/Karin Figala (éds.), *Alchemie: Lexikon einer hermetischen Wissenschaft*, op. cit., p. 208.
[241] Stendhal, « La Chartreuse de Parme », op. cit., p. 170.

plus spécifiquement : des additions et des *multiplications*. Nous pouvons dire que Blanès représente le temps, tel le Saturne de l'alchimie. Il renvoie à l'accélération des processus alchimiques par sa transformation physique : « Blanès était extrêmement fatigué, il avait cinquante ans de plus que la veille[242] ».

Par ailleurs, Blanès représente une sorte d'alter ego de Fabrice. Ils ont en commun leur passion pour les mathématiques, l'astronomie et la science des signes. De plus, Blanès souligne un parallèle entre sa vie et celle de Fabrice : « […] tu mourras comme moi, mon fils, assis sur un siège de bois […][243]. » Blanès apparaît ici comme le « véritable père[244] » de Fabrice ; ils sont liés par une relation de filiation. Fabrice-Mercure est la matière première de l'Œuvre et il est la pierre philosophale. Il parcourt le chemin de l'adepte qui le mène à la purification. L'idée du cycle est soulignée dans l'épisode du clocher, évoqué par René Servoise, où « […] le passé, le présent et l'avenir sont convoqués et convergent[245]. » Dans ce contexte, on comprend pourquoi Stendhal a refusé de supprimer l'histoire de Blanès, comme le lui avait suggéré Balzac[246].

Le contexte hermétique se trouve renforcé par les parallèles entre *La Chartreuse de Parme* de Stendhal et *Les Années d'apprentissage de Wilhelm Meister* de Goethe et notamment entre l'abbé Blanès et l'abbé de la Société de la Tour chez Goethe. Tous deux engagent l'adepte à fuir, l'abbé Blanès en disant à Fabrice : « Va-t'en, va-t'en ! fuis[247] ! », et l'abbé de la Société de la Tour en

---

[242] Ibid., p. 178.
[243] Ibid., p. 172.
[244] Ibid., p. 170.
[245] René Servoise, « Le merveilleux dans la *Chartreuse de Parme* », op. cit. p. 1196.
[246] Honoré de Balzac, « Études sur M. Beyle (Frédéric Stendalh [sic]) », op. cit., p. 233.
[247] Stendhal, « La Chartreuse de Parme », op. cit., p. 178.

donnant secrètement à Wilhelm un voile de couleur grise sur lequel se trouve écrit en lettres noires : « *Pour la première et la dernière fois ! Fuis, jeune homme, fuis*[248] !* »* L'abbé Blanès se languit dans *La Chartreuse de Parme* tout autant que Mignon dans *Les Années d'apprentissage de Wilhelm Meister.* « *Come face al mancar dell'alimento* (comme la petite lampe quand l'huile vient à manquer[249].) », c'est ainsi que Blanès décrit son état physique et psychique. Les sentiments amoureux de Mignon pour Wilhelm dans le roman de Goethe nous sont révélés par l'abbé en ces termes : « Cette tendre affection, cette ferveur reconnaissante, semble avoir été la flamme qui consuma l'huile de sa vie […][250]. » Nous reviendrons à la figure de Mignon et à ses similitudes avec Fabrice. Voyons d'abord de plus près l'observatoire de Blanès.

10. L'observatoire de l'abbé Blanès : un laboratoire alchimique ?

L'alchimie se fonde sur la relation entre microcosme et macrocosme. Blanès est « fou d'astrologie » ; il est un « grand magicien[251] »

---

[248] Johann Wolfgang Goethe, « Wilhelm Meister. Les Années d'apprentissage », op. cit., p. 672. « Zum ersten und letztenmal! Flieh! Jüngling, flieh! » (Johann Wolfgang Goethe, « Wilhelm Meisters Lehrjahre », op. cit., p. 328.)

[249] Stendhal, « La Chartreuse de Parme », op. cit., p. 171.

[250] Johann Wolfgang Goethe, « Wilhelm Meister. Les Années d'apprentissage », op. cit., p. 906. « Diese zärtliche Neigung, diese lebhafte Dankbarkeit schien die Flamme zu sein, die das Öl ihres Lebens aufzehrte […]. » (Johann Wolfgang Goethe, « Wilhelm Meisters Lehrjahre », op. cit., p. 577.)

[251] Stendhal, « La Chartreuse de Parme », op. cit., p. 39.

et il calcule « des *conjonctions* et des positions d'étoiles[252] ». L'observatoire de l'abbé Blanès se trouve au deuxième étage du clocher et il est décrit comme une « cage de planches[253] ». C'est dans une cage similaire que nous retrouvons Fabrice au deuxième étage de la tour Farnèse. Et nous apprenons par ailleurs que Fabrice passe des nuits entières avec Gina et ses sœurs dans une tour gothique du château de son père pour regarder les étoiles ; il est alors désigné comme le « savant de la troupe[254] ». Au moment où Fabrice rend visite à Blanès, celui-ci est penché sur une carte du ciel :

> *Cette carte du ciel était tendue sur* un grand vase de terre cuite *qui avait appartenu jadis à* un oranger *du château. Dans l'ouverture, au fond du vase, brûlait* la plus exiguë des lampes, *dont* un petit tuyau de fer-blanc *conduisait la fumée hors du vase, et l'ombre du tuyau marquait le nord sur la carte*[255].

Cette installation de Blanès établit une relation entre le macrocosme (le ciel) et le microcosme du vase hermétique (la terre – il s'agit d'un vase de terre cuite). Nous retrouvons par ailleurs un mélange de minéral (la terre cuite), de végétal (l'oranger) et de métal (le tuyau de fer-blanc) ainsi que les associations de couleurs : noir (la terre), rouge orangé (l'oranger) et blanc (le fer blanc). Et finalement, les quatre éléments y sont présents : la terre et l'eau (auxquels l'ancien vase à plantes fait allusion) ainsi que le feu et la fumée/l'air (représentés par la lampe). Le tuyau ainsi que la petite lumière qui brûle au fond du vase rappellent l'athanor, le fourneau des alchimistes servant à la production de la pierre philosophale. Cet athanor comportait trois niveaux (ill. 15),

---

[252] Ibid., p. 38. Nous soulignons.
[253] Ibid., p. 170.
[254] Ibid., p. 47.
[255] Ibid., p. 170. Nous soulignons.

tout comme le clocher de l'abbé Blanès et la tour Farnèse, dans laquelle au demeurant Fabrice signale sa présence à l'aide d'un morceau de fil de fer[256]. L'évocation du fourneau alchimique se trouve d'ailleurs soulignée par le fait que la chaleur dans le clocher est extrême[257].

Dès sa visite chez Blanès, Fabrice est préparé à son séjour dans la cellule de la tour Farnèse et au Grand Œuvre qui s'y accomplira. Dans le clocher, tout comme dans la tour Farnèse, Fabrice se trouve au deuxième étage d'une tour[258] et dans une cage de planches[259]. Il passe la nuit seul dans le clocher et il est réveillé par un « bruit effroyable[260] » : « Il se leva éperdu, et se crut à la fin du monde, puis il pensa qu'il était en prison [...][261]. » Blanès avait averti Fabrice d'« un tapage effroyable » et du « gros bourdon qui secoue tous [l]es instruments[262]. » Il s'agit d'une situation apocalyptique et chaotique, comparable à l'*Œuvre au noir* du processus alchimique. Après ce tapage, le regard de Fabrice est attiré par les jardins et la cour intérieure du château de son père dans laquelle il voit des oiseaux (les « moineaux[263] ») et des orangers. Les oiseaux symbolisent en alchimie le volatil et la purification *(purificatio)*, c'est-à-dire l'*Œuvre au blanc*. Les nombreux orangers renvoient quant à eux à la troisième étape du Grand Œuvre, l'*Œuvre au rouge*.

---

[256] « [...] il parvint à faire passer un petit morceau de fil de fer par l'ouverture [...]. » (Ibid., p. 321.)
[257] Ibid., p. 177.
[258] Ibid., p. 170.
[259] Ibid.
[260] Ibid., p. 174.
[261] Ibid.
[262] Ibid., p. 172.
[263] Ibid., p. 174.

De plus, la relation entre la lumière/le jour et l'ombre/la nuit est remarquable : « [...] l'aspect de cette cour intérieure, ainsi ornée avec ses ombres bien tranchées et marquées par un soleil éclatant, était vraiment grandiose[264]. » La mort du père qui est essentielle pour le Grand Œuvre et qui aura lieu avant l'évasion de Fabrice de la tour Farnèse s'y trouve déjà annoncée : « L'affaiblissement de son père lui revenait à l'esprit[265]. » Finalement, des jeunes filles vêtues de blanc apparaissent devant le clocher. Le blanc est la couleur de l'*albedo*. Ces jeunes filles forment des images à l'aide de fleurs bleues, jaunes et rouges qui reflètent les couleurs des trois étapes du Grand Œuvre : *nigredo*, *citrinitas* et *rubedo*. Il est vrai que les fleurs sont bleues et non pas noires, mais cette variation n'avait rien d'inhabituel pour la représentation de l'*Œuvre au noir*[266]. Le point culminant pour Fabrice est pour finir la vue des deux bras du lac de Côme :

Mais il y avait un spectacle qui parlait plus vivement à l'âme de Fabrice : du clocher, ses regards plongeaient sur les deux branches du lac [...] et cette vue sublime lui fit bientôt oublier toutes les autres ; elle réveillait chez lui les sentiments les plus élevés[267].

Que voit Fabrice ? Il voit la forme d'un i grec[268]. Le i grec symbolise d'une part la croisée des chemins qui a dans la tradition

---

[264] Ibid.
[265] Ibid.
[266] Cf. Hans-Werner Schütt, *Auf der Suche nach dem Stein der Weisen*, op. cit., p. 353.
[267] Stendhal, « La Chartreuse de Parme », op. cit., p. 174.
[268] Cf. également Henri-François Imbert, « Philosophie beyliste du lac », dans : Emanuele Kanceff (éd.), *Goethe-Stendhal. Mito e immagine del lago tra settecento ed ottocento*, Genève, Slatkine, 1988, p. 269.

alchimiste une signification particulière[269], d'autre part le « Y » est en alchimie le symbole de la pierre philosophale, l'hermaphrodite (*rebis*) (ill. 17). En écho au sonnet qui apparaît après l'évasion de Fabrice de la tour Farnèse et le présente « jugeant les divers incidents de sa vie[270] », Fabrice voit défiler toute sa vie « comme si déjà il fût arrivé à sa dernière limite[271] ».

11. La tour Farnèse – un athanor

La tour Farnèse évoque elle aussi un fourneau alchimique (un creuset). C'est dans cette tour qu'aura lieu la véritable transformation de Fabrice. Après son arrestation, Fabrice est « garni de menottes et attaché par une longue chaîne à la *sediola* [...][272] ». Dans l'ensemble, le narrateur renvoie trois fois au début du chapitre XV au fait que Fabrice est attaché. Ainsi entravé, il arrive à la prison « tout raide[273] ». Ce n'est qu'à l'intérieur de la prison que les menottes lui sont enlevées. Symboliquement, ce passage rappelle un procédé essentiel du processus alchimique, désigné comme le *solve et coagula*. La dissolution de la matière et sa coagulation constituent un processus élémentaire du Grand Œuvre. Cette coagulation est également désignée par le terme de la *fixatio*, à savoir la fixation du volatil, de la matière qui se manifeste dans le corps

---

[269] Cf. Diethelm Brüggemann, *Kleist. Die Magie*, op. cit., p. 227 : « Der Scheideweg besitzt in der literarischen Tradition ein beträchtliches symbolisches Gewicht. Außerdem bildet das Scheiden zusammen mit seinem Gegenteil, dem Verbinden (*„solve et coagula"*) eine der beiden Grundoperationen des alchemistischen Werkes. »

[270] Stendhal, « La Chartreuse de Parme », op. cit., p. 397.

[271] Ibid., p. 175.

[272] Ibid., p. 265.

[273] Ibid.

capté, fixé et raide de Fabrice. Au sens figuré, le *solve et coagula* en alchimie se rapporte à l'adepte lui-même :

Pour l'adepte, solve coagula s'applique à la matière de l'œuvre, unique, l'alchimiste lui-même, qui doit par un long processus briser ses chaînes, se libérer des entraves vulgaires et se reconstruire[274].

La signification particulière que revêt la tour Farnèse se manifeste dès sa description, inhabituellement détaillée pour Stendhal, de sorte que nous pouvons supposer qu'elle a une fonction de renvoi.

Cette tour Farnèse où, après trois quarts d'heure, l'on fit monter Fabrice, fort laide à l'extérieur, est élevée d'une cinquantaine de pieds au-dessus de la plate-forme de la grosse tour et garnie d'une quantité de paratonnerres. [...] Il était défendu de parler de cette construction, et de toutes les parties de la ville de Parme et des plaines voisines on voyait parfaitement les maçons placer chacune des pierres qui composent cet édifice pentagone. [...] Cette tour Farnèse placée en si belle vue se compose d'un rez-de-chaussée long de quarante pas au moins, large à proportion et tout rempli de colonnes fort trapues, car cette pièce si démesurément vaste n'a pas plus de quinze pieds d'élévation. Elle est occupée par le corps de garde, et, du centre, l'escalier s'élève en tournant autour d'une des colonnes : c'est un petit escalier en fer, fort léger, large de deux pieds à peine et construit en filigrane. Par cet escalier [...] Fabrice arriva à de vastes pièces de plus de vingt pieds de haut, formant un magnifique premier étage. [...] Un escalier en fer et en filigrane fort léger, également disposé autour d'une colonne, donne accès au

---

[274] Christian Montésinos, *Dictionnaire raisonné de l'alchimie et des alchimistes*, op. cit., p. 403.

second étage de cette prison [...]. C'est par un corridor obscur placé au centre du bâtiment que l'on arrive à ces chambres, qui toutes ont deux fenêtres ; et dans ce corridor fort étroit, Fabrice remarqua trois portes de fer successives formées de barreaux énormes et s'élevant jusqu'à la voûte. [...] Le général avait fait placer dans chaque chambre de gros madriers de chêne formant comme des bancs de trois pieds de haut [...]. Sur ces bancs il avait fait établir une cabane en planches, fort sonore, haute de dix pieds, et qui ne touchait au mur que du côté des fenêtres. Des trois autres côtés il régnait un petit corridor de quatre pieds de large, entre le mur primitif de la prison, composé d'énormes pierres de taille, et les parois en planches de la cabane. Ces parois, formées de quatre doubles de planches de noyer, chêne et sapin, étaient solidement reliées par des boulons de fer et par des clous sans nombre[275].

Résumons : la tour Farnèse se trouve avec une deuxième tour – celle du palais du gouverneur – sur la plateforme d'une tour ronde. La tour Farnèse elle-même a la forme d'un pentagone. Elle se compose d'un rez-de-chaussée et de deux étages reliés par un escalier de fer en filigrane. Le deuxième étage est partagé en trois cellules accessibles par des portes de fer et qui sont équipées de madriers de chêne sur lesquels se trouvent les cabanes faites de planches de noyer, de chêne et de sapin. Les fenêtres seront finalement obstruées par un « abat-jour ».

Fabrice se trouve donc dans une cellule de bois. Comparable à l'adepte, il se trouve symboliquement au milieu de la nature mystique. Rappelons que le chêne creux était un symbole de l'athanor des alchimistes. Mais la symbolique de la cabane en planches s'explique également par la franc-maçonnerie. La loge des francs-maçons trouve son origine dans la signification étymologique du

---

[275] Stendhal, « La Chartreuse de Parme », op. cit., pp. 308-310.

mot « loge » qui désigne un bâtiment composé de planches, une cabane ou une hutte[276]. On voyait également dans le mot « loge » une dérivation du mot du vieil allemand « *Laubja*, qui désignait à l'origine une hutte de bûcherons[277]. » La cellule en planches et le symbole de l'arbre creux (en général un chêne) pour désigner le vase hermétique s'expliquent par le mythe égyptien d'Isis et d'Osiris. Geb, dieu de la terre, et Nout, déesse du ciel, donnèrent naissance à Osiris, Seth, Isis et Nephthys. Seth, jaloux d'Osiris et déterminé à le tuer, fit fabriquer un coffre aux dimensions de son frère et lors d'un banquet, il promit de l'offrir à quiconque s'y allongerait et le trouverait à sa taille. Osiris, pensant gagner le coffre, s'y allongea. Aussitôt, Seth le fit fermer, lester de plomb et jeter à la mer. Selon Plutarque, autour du coffre poussa un arbre dont le tronc fut utilisé par le roi de Byblos comme colonne pour son palais. Isis retrouva le corps d'Osiris dans cette colonne et le libéra. Mais par la suite, Seth s'empara du corps de son frère et le démembra. Grâce à ses pouvoirs magiques, Isis put retrouver une à une toutes les parties du corps d'Osiris et les rassembla. Après la résurrection d'Osiris, tous deux engendrèrent leur fils Horus, le dieu du soleil, qui tua Seth dans un duel[278].

L'union de la lune et du soleil, la décomposition et la recomposition, de même que l'image de l'arbre à l'intérieur duquel s'accomplit un processus de transformation sont des aspects élémentaires de l'alchimie. La résonnance alchimique du mythe d'Isis et

---

[276] Helmut Reinalter, *Die Freimaurer*, München ⁶2010, p. 8 et p. 66.
[277] Daniel Ligou (dir.), *Dictionnaire de la franc-maçonnerie*, Paris, Presses Universitaires de France, 1987, p. 715.
[278] Cf. Michele Frazzi, *Correggio. La Camera Alchemica*, op. cit., pp. 112-114.

d'Osiris apparaît également dans l'œuvre de Goethe ; un aspect que nous ne pouvons approfondir en ce lieu[279].

Dans l'ensemble, la tour Farnèse ressemble à un fourneau alchimique, et plus spécifiquement à un appareil de distillation. L'escalier en spirale, filigrane et très léger, peut être comparé au serpentin situé au milieu d'un vase de distillation (ill. 16). Fabrice est complètement isolé dans sa cellule, il est coupé du monde extérieur. Les trois portes en fer qu'il faut traverser pour atteindre sa cellule évoquent les trois étapes du Grand Œuvre.

Nous avons déjà souligné la ressemblance entre la cellule de Fabrice dans la tour Farnèse et l'observatoire de Blanès dans le clocher. De même que nous avons évoqué les parallèles entre la carte du ciel placée sur un vase de terre et illuminée par une bougie dont la fumée s'échappe par un petit tuyau de fer-blanc et le fourneau alchimique – l'athanor. Le clocher de l'abbé Blanès et la tour Farnèse ressemblent également à cet athanor, ce creuset. La cellule de Fabrice est isolée, inaccessible au monde extérieur. C'est le lieu où le mariage chimique aura lieu. La mention des croix renvoie au creuset, la croix étant un symbole alchimique

---

[279] Cf. par exemple l'allusion au mythe d'Osiris dans *Les Années d'apprentissage de Wilhelm Meister*. La mère de Mignon reconstruit le corps de sa fille à l'aide des os qu'elle a trouvés au bord du lac et que les parents ont remplacés secrètement par des os d'enfant : « Au moyen de fils et de bandelettes, elle fixa soigneusement à sa place chacun de ces morceaux, comblant les espaces vides avec de la soie et de la broderie, comme on fait en l'honneur des corps des bienheureux. » (Johann Wolfgang Goethe, « Wilhelm Meister. Les Années d'apprentissage », op. cit., pp. 919-920.) « Sie hatte mit großer Sorgfalt jeden Teil, wo er hingehörte, mit Fäden und Bändern befestigt, sie hatte, wie man die Körper der Heiligen zu ehren pflegt, mit Seide und Stickerei die Zwischenräume ausgefüllt. » (Johann Wolfgang Goethe, « Wilhelm Meisters Lehrjahre », op. cit., p. 591.) Cf. également Hellmut Ammerlahn, *Imagination und Wahrheit. Goethes Künstler-Bildungsroman « Wilhelm Meisters Lehrjahre ». Struktur, Symbolik, Poetologie*, Würzburg, Königshausen & Neumann, 2003, p. 342.

de celui-ci[280]. La croix est très présente dans la tour Farnèse. Le lecteur apprend que Fabrice perce à l'aide d'une croix de fer une petite ouverture dans l'abat-jour pour y faire passer un petit fil de fer[281]. Clélia quant à elle fait apporter à Fabrice du pain qu'elle a préalablement marqué de nombreuses petites croix à l'encre[282].

Dans un premier temps, la cellule de Fabrice ne comporte qu'un poêle[283] ainsi qu'une petite lampe, mentionnée deux fois par Clélia : « Que pense-t-il de moi à cette heure, seul dans sa chambre et en tête à tête avec sa petite lampe[284] ? » ; « [...] le pauvre prisonnier, assis dans quelque affreuse chambre, tête à tête avec sa petite lampe [...][285]. » La petite flamme est indispensable pour le processus alchimique. De plus, le narrateur dit à plusieurs reprises que Fabrice utilise le charbon qu'il trouve dans le poêle pour écrire (après l'avoir mélangé avec du vin, du chocolat et de la suie). Le charbon peut être interprété comme un symbole du feu qui brûle au-dessous du creuset. Dans ce contexte, le charbon est également utilisé par Goethe et Heinrich von Kleist[286]. Le chocolat et le vin représentent le début et la fin du Grand Œuvre : le noir et le rouge. La suie symbolise enfin la scorie de la combustion qui est désignée en alchimie par *caput mortuum*.

Pour finir, le signal de l'évasion de Fabrice sera : « *Le feu a pris au château*[287]. » Ce à quoi Fabrice répondra : « *Mes livres sont-ils brûlés*[288] ? » L'expression « brûler ses livres » est courante dans le

---

[280] Diethelm Brüggemann, *Kleist. Die Magie*, op. cit., p. 133.
[281] Stendhal, « La Chartreuse de Parme », op. cit., p. 320.
[282] Ibid., p. 333.
[283] Ibid., p. 312.
[284] Ibid., p. 274.
[285] Ibid., p. 275.
[286] Diethelm Brüggemann, *Kleist. Die Magie*, op. cit., p. 134.
[287] Stendhal, « La Chartreuse de Parme », op. cit., p. 362.
[288] Ibid.

langage alchimique, comme nous pouvons le lire chez Fulcanelli :
« „ Blanchis le laiton et brûle tes livres ", nous répètent tous les
bons auteurs[289]. »

Symboliquement, le feu déclenche ainsi la naissance de la
pierre philosophale. Nous voyons ici un parallèle avec *Les Années
d'apprentissage de Wilhelm Meister* de Goethe : après que le feu
a pris dans la maison, Aurélie jette dans les bras de Wilhelm son
fils Félix[290].

D'après Diethelm Brüggemann, le feu forme la condition préalable au travail des alchimistes dans leur laboratoire et il est souvent utilisé pour symboliser le processus de transformation de l'homme[291]. Le feu sépare le corps de l'âme. Les alchimistes parlent de la mise à mort de la matière et du *caput mortuum*, comme nous l'apprenons par Christian Montésinos :

> *Caput Mortuum.*
> *En ancienne chimie, on désignait par cette expression soit les scories de corps traités par le feu, soit les précipités jugés inutiles car contenant des impuretés ou des terres. L'expression était donc très générique et fut employée par les hermétistes pour désigner plus précisément la phase de mise à mort de la matière [...]. Pour l'alchimie spirituelle, la mort de la tête, ou la tête de mort représente la fausse connaissance. L'esprit de l'homme est dans l'ombre, dans l'ignorance car éclairé par les fausses vérités. C'est par la mort alchimique, c'est-à-dire la*

---

[289] Fulcanelli, *Le mystère des cathédrales et l'interprétation ésotérique des symboles hermétiques du Grand-Œuvre*, Mansfield Centre, CT 2011, p. 22.

[290] Johann Wolfgang Goethe, *Wilhelm Meisters Lehrjahre*, op. cit., p. 354 (Johann Wolfgang Goethe, « Wilhelm Meister. Les Années d'apprentissage », op. cit., p. 674.).

[291] Diethelm Brüggemann, *Kleist. Die Magie*, op. cit., p. 35.

destruction de l'état d'errance que doit commencer le processus alchimique[292].

Une telle scorie est représentée dans *La Chartreuse de Parme* par la chapelle noire de la tour Farnèse, dont les murs sont ornés de têtes de mort blanches[293]. La séparation atroce du corps et de l'âme est thématisée par le sonnet que le personnage de Fabrice écrit pour Clélia sur les pages du livre de saint Jérôme :

[…] un sonnet où l'on voyait que l'âme séparée, après des tourments atroces, de ce corps fragile qu'elle avait habité pendant vingt-trois ans […] irait à quelques pas de la prison […] se réunir à tout ce qu'elle avait aimé au monde[294].

Après sa fuite de la prison, Fabrice est un autre homme : « son âme était ailleurs[295]. »

12. La famille Farnèse

Avant de continuer plus avant l'analyse de la symbolique alchimique de *La Chartreuse de Parme*, il nous paraît opportun de faire une petite incursion dans l'époque de la Renaissance italienne et notamment de nous pencher sur la famille Farnèse qui

---

[292] Christian Montésinos, *Dictionnaire raisonné de l'alchimie et des alchimistes*, op. cit., p. 107. Cf. également Lawrence M. Principe, « Caput mortuum », dans : Claus Priesner / Karin Figala (éds.), *Alchemie: Lexikon einer hermetischen Wissenschaft*, op. cit., pp. 96-97.

[293] Stendhal, « La Chartreuse de Parme », op. cit., p. 309.

[294] Ibid., p. 393.

[295] Ibid., p. 391.

exerça une certaine influence sur le roman de Stendhal. Tout du moins, comme Stendhal le dit lui-même, s'inspira-t-il de l'*Origine de la grandeur de la famille Farnèse*, une chronique italienne datant de la Renaissance et dont il fit faire des copies, de même que d'autres chroniques qui ont nourri ses *Chroniques Italiennes*. Stendhal parle d'un volume d'environ 480 pages[296]. L'extrait de texte consultable à la Bibliothèque Nationale de France ne comprend que huit pages. Victor Del Litto suppose que le texte original est un manuscrit perdu dont Stendhal parle dans ses *Promenades dans Rome* :

> *J'ai acheté vingt francs les mémoires manuscrits de la vie intime de ce Pape [Paul III]. Elle a émerveillé et amusé l'une de mes soirées. Il se sauve du haut du château Saint-Ange avec une corde*[297].

Luigi Foscolo Benedetto a déjà confronté l'*Origine de la grandeur de la famille Farnèse* à la véritable histoire de la famille Farnèse et il a pu montrer que la chronique italienne regorge d'erreurs et de confusions[298]. Quoi qu'il en soit, nous trouvons des éléments de deux biographies dans *La Chartreuse de Parme*, celle du pape Paul III et celle de son petit-fils, le cardinal Alexandre.

Alexandre Farnèse (1468-1549) fut élu pape grâce à l'aide de sa sœur Giulia Farnèse (1474-1524) qui était la maîtresse de Rodrigo Borgia (1431-1503), le futur pape Alexandre VI. Dans le manuscrit italien de Stendhal, Giulia Farnèse est confondue avec une autre amante de Rodrigo Borgia du nom de Vannozza Cattanei et qui était entre autres la mère de Lucrèce Borgia. De plus, Giulia

---

[296] Stendhal, « La Chartreuse de Parme », Appendice I, op. cit., p. 504.
[297] Cité par Victor Del Litto dans : Stendhal, « La Chartreuse de Parme », op. cit., p. 1441, note 4.
[298] Cf. Luigi Foscolo Benedetto, *La Parma di Stendhal*, op. cit., pp. 93-211.

Farnèse n'était pas la tante d'Alexandre, comme nous le lisons chez Stendhal, mais sa sœur[299].

En 1487, Alexandre Farnèse s'échappa du Château Saint-Ange à Rome où il avait été séquestré sur ordre du pape Innocent VIII. Dans la chronique italienne de Stendhal, il est question d'une corde à l'aide de laquelle il réussit à s'enfuir. Cette histoire a certainement inspiré l'évasion de Fabrice de la tour Farnèse. En 1534, Alexandre Farnèse fut consacré pape et fit agrandir le Château Saint-Ange de deux étages. Les salles étaient ornées de peintures murales. Dans la chronique italienne de Stendhal, il est également question d'une femme nommée Cléria[300], à laquelle Alexandre était lié. De nouveau, il s'agit d'une confusion qui est probablement due aux noms homonymes du grand-père et du petit-fils et au fait que tous deux étaient cardinaux[301]. Il existait véritablement une femme du nom de Clélia Farnèse. Elle était extrêmement belle et fit l'objet de nombreuses représentations dans la littérature comme dans les beaux-arts. Torquato Tasso, pour nommer un poète célèbre cité à maintes reprises dans *La Chartreuse de Parme*, décrivit la beauté de Clélia dans un sonnet[302]. Jacopo Zucchi en fit un portrait (ill. 22).

Clélia Farnèse (environ 1556-1613) était la fille naturelle du petit-fils du pape Paul III, le cardinal Alexandre Farnèse (1520-1589). Fils aîné de Pierre-Louis Farnèse et de Gerolama Orsini, il fut nommé cardinal l'année même où son grand-père devint pape. Grand admirateur et mécène des beaux-arts, il menait un style de vie libertin et mondain. Dans son palais à Caprarola, une petite ville située à mi-chemin entre Rome et Civitavecchia, il invitait les

---

[299] Cf. également ibid., p. 102.
[300] Stendhal, « La Chartreuse de Parme », Appendice I, op. cit., p. 500.
[301] Luigi Foscolo Benedetto, *La Parma di Stendhal*, op. cit., p. 107.
[302] Torquato Tasso, *Opere*, vol. IV, *L'Aminta e rime scelte di Torquato Tasso*, Milano, Società tipografica de' classici italiani, 1824, p. 568.

artistes les plus connus de son temps[303]. Pour notre analyse, il est surtout d'intérêt de savoir qu'Alexandre Farnèse s'intéressait aux sciences, et particulièrement à l'astronomie et à l'alchimie[304].

La belle Clélia Farnèse fut mariée en 1570 à Giangiorgio Cesarini. Elle était en outre la maîtresse du cardinal et du futur grand-duc de Toscane Ferdinand Ier de Médicis.

La Chartreuse de Parme comporte divers fragments de l'histoire de la famille Farnèse ; il y est par exemple question de Ranuce Ier Farnèse (1569-1622) qui, entre 1617 et 1618, fit construire le Théâtre Farnèse au premier étage du Palazzo della Pilotta à Parme. Mais le rôle essentiel est joué par deux femmes, Giulia Farnèse et Clélia Farnèse, qui se distinguaient par leur beauté et leur influence politique et qui se trouvent à notre avis reflétées dans les figures de Gina del Dongo et de Clélia Conti dans *La Chartreuse de Parme*. Mais avant tout, la tour Farnèse témoigne de la composition de divers lieux qui sont tous étroitement liés à l'histoire de la famille Farnèse dans la Renaissance : à savoir Parme, Rome et Caprarola.

13. Le palais Farnèse à Caprarola

Dans son travail sur Stendhal et la franc-maçonnerie, Dieter Diefenbach a mis en lumière les similitudes architecturales entre la tour Farnèse et le palais Farnèse de Caprarola. Les deux bâtiments sont une synthèse de forteresse et de palais. Selon Diefenbach, ils

---

[303] Cf. Luciano Passini, *Caprarola. Il Paese e la sua Storia*, ristampa riveduta e corretta dall'autore, Roma, Edizioni Grafiche Manfredi, 2002, ristampa 2008, pp. 36-37.

[304] Paolo Gasbarri, « La Stanza dell'Aurora nel Palazzo Farnese di Caprarola. Un caso di decorazione alchemico-ermetica », op. cit

se ressemblent surtout par leur forme pentagonale et leur premier étage décoré somptueusement[305]. Il renvoie également au fait, mentionné dans *La Chartreuse de Parme*, que la tour Farnèse fut bâtie par les petits-fils du pape, fait qui selon lui fait une fois encore référence au cardinal Farnèse et au palais de Caprarola[306] : « Cette tour, bâtie sur le modèle du mausolée d'Adrien, à Rome, par les Farnèse, petits-fils de Paul III, vers le commencement du XVIe siècle […][307]. »

Stendhal fait sans aucun doute, à travers sa description de la tour Farnèse, allusion au palais Farnèse situé au nord de Rome et à l'est de Civitavecchia, puisqu'il s'agit du seul palais construit sur commande d'Alexandre Farnèse au XVIe siècle et ayant la forme d'un pentagone (ill. 23). Et même si Stendhal n'évoque à aucun moment dans son œuvre ce bâtiment, nous pouvons supposer qu'il le connaissait du fait de sa connaissance de l'histoire de la famille Farnèse d'une part et de la proximité de Caprarola avec Civitavecchia d'autre part, où Stendhal fut consul. Les parallèles architecturaux entre la tour Farnèse et le palais Farnèse de Caprarola, évoqués en détail par Dieter Diefenbach[308], comportent : la cour intérieure dotée de nombreuses colonnes au rez-de-chaussée, l'escalier circulaire qui mène au premier étage où se trouvent les salles décorées fastueusement ainsi qu'une chapelle qui se trouve à cet étage et finalement, la chambre de la tour accessible par un petit escalier circulaire.

Comme cela est indiqué dans *La Chartreuse de Parme*, le palais fut construit sur commande du cardinal Alexandre Farnèse

---

[305] Dieter Diefenbach, *Stendhal und die Freimaurerei*, op. cit., p. 114.
[306] Ibid., p. 115 (note).
[307] Stendhal, « La Chartreuse de Parme », op. cit., p. 131.
[308] Dieter Diefenbach, *Stendhal und die Freimaurerei*, op. cit., pp. 113-114.

qui était, comme nous l'avons vu, le petit-fils du pape Paul III[309]. Les travaux menés par l'architecte Giacomo Barozzi da Vignola s'étalèrent de 1559 à 1573. Victor Del Litto invoque une citation de *La Chartreuse de Parme* selon laquelle la tour Farnèse fut construite « sur les dessins de Vanvitelli[310] » :

> *On a ici un nouvel argument en faveur de la thèse d'après laquelle Stendhal aurait imaginé la tour Farnèse à l'image du château Saint-Ange. En effet, Luigi Vanvitelli (1700-1773), à qui le romancier attribue la construction de la tour est réellement l'auteur du dessin du château*[311].

Luigi Vanvitelli a en effet peint le Château Saint-Ange. Mais n'oublions pas que c'était surtout son père, Caspar van Wittel, nommé Vanvitelli (1653-1736), qui dessina à plusieurs reprises le Château Saint-Ange (ill. 24) et qui a également peint le palais Farnèse de Caprarola (ill. 25). Alice Devecchi pense que ces dessins du palais Farnèse de Caprarola ont inspiré son fils, l'architecte Luigi Vanvitelli, pour la construction de l'hôpital militaire à Ancona[312], qui est également un bâtiment en forme de pentagone.

Quoi qu'il en soit, la relation entre le Château Saint-Ange et la tour Farnèse est indéniable et elle ne s'établit pas uniquement

---

[309] Les travaux du palais ont commencé en 1530 sur les ordres du futur pape Paul III. Les travaux furent achevés sous son petit-fils, Alexandre Farnèse. Pour avoir plus d'informations sur le palais Farnèse et son histoire cf. Luciano Passini, *Caprarola. Il Paese e la sua Storia*, op. cit.

[310] Stendhal, « La Chartreuse de Parme », op. cit., p. 307.

[311] Victor Del Litto, note dans : Stendhal, *La Chartreuse de Parme*, Paris, Librairie Générale Française, 1983, p. 763.

[312] Alice Devecchi, « Il ventre del pentagono. Geometria, magia e salute nel lazzaretto di Luigi Vanvitelli », dans : Fondazione Giancarlo Quarta (éd.), *Curare è un'arte*, http://fondazionegiancarloquarta.it/divulgazione/curare-e-unarte.html (dernière consultation : 28.02.2012.)

par Caspar Vanvitelli mais également et surtout par la famille Farnèse. Comme nous l'avons déjà dit, le pape Paul III fit agrandir le château et décorer les salles avec des peintures murales somptueuses. Sa chambre à coucher par exemple est agrémentée d'une représentation de l'histoire d'Amour et de Psyché. Le palais Farnèse de Caprarola, achevé plus tard et décoré par de nombreux artistes, est orné de peintures murales qui comportent maints parallèles avec les allégories, les motifs et les symboles présents sur les murs du Château Saint-Ange à l'instar de la Vierge à la licorne ou de nombreux décors de grotesques.

Mais un autre aspect déjà évoqué par la forme du pentagone suscite notre intérêt. Le cardinal Farnèse s'intéressait aux beaux-arts, à l'astrologie et à l'alchimie[313]. La voûte de la Chambre de l'Aurore (*la Camera dell'Aurora*), une pièce privée du cardinal à Caprarola, est ornée de peintures empreintes de symbolique alchimique. Nous reconnaissons le mariage chimique du soleil et de la lune symbolisé par la Lune, Mercure et Aurore, laquelle est ornée de roses et conduit le char du soleil (cf. illustration de couverture). D'après Paolo Gaspari, il s'agit là d'une coïncidence des opposés[314]. La Chambre de la Solitude (la *Stanza della Solitudine*) du cardinal est également d'intérêt puisque le lien entre symboliques chrétienne et alchimique y apparaît clairement. Saint Jérôme et saint Jean-Baptiste y jouent un rôle important. Paolo Gaspari souligne surtout le thème de la confrontation de la lumière et des ténèbres qui fait écho à la Chambre de l'Aurore[315].

Nous nous souvenons que Ferrante Palla est dans *La Chartreuse de Parme* comparé à saint Jean[316] et que Fabrice écrit

---

[313] Paolo Gasbarri, « La Stanza dell'Aurora nel Palazzo Farnese di Caprarola. Un caso di decorazione alchemico-ermetica », op. cit.
[314] Ibid.
[315] Ibid.
[316] Stendhal, « La Chartreuse de Parme », op. cit., p. 363.

dans sa cellule sur les pages d'un livre de saint Jérôme. Tous deux sont marqués par une extrême maigreur et sont comparés à des ermites. Dans son analyse des œuvres de Goethe et de Heinrich von Kleist, Diethelm Brüggemann renvoie au fait que saint Jérôme est employé dans sa fonction de traducteur de la bible (Vulgata) comme personnification du principe hermétique du renversement des motifs bibliques[317].

Le fait que Stendhal ne mentionne explicitement ni la Chambre de Saint-Paul ni le palais Farnèse de Caprarola pourrait être l'indice d'une volonté de dissimulation, typique de l'alchimie. Nous avons déjà évoqué le fait que personne, dans *La Chartreuse de Parme*, ne devait parler de la construction de la tour Farnèse.

Dans sa description de la chapelle située dans la tour Farnèse, Stendhal renvoie à un rituel des francs-maçons[318] : le néophyte des francs-maçons doit méditer dans la « chambre de la mort[319] » en face d'un crâne. Ce rituel trouve ses origines dans la putréfaction (*putrefactio*) – un processus alchimique qui précède le Grand Œuvre. C'est pourquoi Fabrice est d'abord conduit dans la chapelle et seulement ensuite dans sa cellule de bois où la création de la pierre philosophale aura lieu.

---

[317] « [...] Übersetzer der Bibel (Vulgata), als Personalisierung des hermetischen Prinzips der Umkehrung biblischer Motive » (Diethelm Brüggemann, *Kleist. Die Magie*, op. cit., p. 234.)

[318] Cf. Dieter Diefenbach, *Stendhal und die Freimaurerei*, op. cit., p. 120.

[319] « Kammer des Todes » : Diethelm Brüggemann, *Kleist. Die Magie*, op. cit., p. 60. Traduction de l'auteur.

14. Fabrice l'adepte

La description de Waterloo dans *La Chartreuse de Parme* a été interprétée comme un processus d'initiation[320]. Fabrice est un autre homme après la bataille. Dans l'ensemble, il est plusieurs fois question de sa transformation. Tout d'abord après son séjour à Waterloo : « […] Fabrice parut aux yeux de la comtesse Pietranera comme un bel étranger qu'elle eût beaucoup connu jadis[321]. » La deuxième transformation se produit à Naples où Fabrice séjourne pendant quatre ans : « La duchesse ne revenait pas de son étonnement, elle ne l'eût pas reconnu à le voir passer dans la rue […][322]. » Mosca le décrit comme « un autre homme[323]. » Cette remarque est soulignée par une répétition mise en italiques. Après le premier contact visuel entre Fabrice et Clélia dans la tour Farnèse, le narrateur écrit : « Elle sortit enfin ; Fabrice restait immobile à regarder la porte par laquelle elle venait de disparaître ; il était un *autre homme*[324] ». Et pour finir, Fabrice est transformé après son évasion de la tour Farnèse : « Fabrice était entièrement changé ; dès les premiers moments où il s'était réveillé de son sommeil, la duchesse s'était aperçu qu'il se passait en lui quelque chose d'extraordinaire[325]. »

---

[320] Cf. entre autres, Michael Nerlich, « L'initiation du jeune républicain selon Éleusis ou les quatres chevaux de l'Apocalypse. *La Chartreuse de Parme* et Jean-Charles Dupuis, citoyen français », op. cit., pp. 103-134 ; Jean Petitot, « Waterloo : mythe, scène et décor dans *La Chartreuse de Parme* », op. cit., pp. 213-270.
[321] Stendhal, « La Chartreuse de Parme », op. cit., p. 109.
[322] Ibid., p. 144.
[323] Ibid., p. 154.
[324] Ibid., p. 317.
[325] Ibid., p. 390.

Nous pensons également que Fabrice subit une initiation, mais d'un point de vue alchimique. Stendhal nous montre le Grand Œuvre, qui est achevé par l'adepte Fabrice en trois étapes : l'*Œuvre au noir* (Waterloo), l'*Œuvre au blanc* (la période succédant à Waterloo) et enfin, le point final dans la tour Farnèse : l'*Œuvre au rouge*[326]. Nous remarquons surtout qu'il s'agit d'une transformation intérieure, d'ores et déjà annoncée par l'abbé Blanès lorsqu'il dit à Fabrice : « [...] un homme tel que toi, dont la force sera un jour dans sa conscience[327]. » C'est exactement de cette transformation intérieure de l'homme dont parle l'alchimie :

> *La* prima materia *représente l'homme en tant que forme organique* naturellement *constituée (un corps) en laquelle un processus* naturel *de croissance révèle un entendement et des facultés (une âme). Il se trouve que par surcroît un processus gnostique (ou hermétique) a le pouvoir d'élaborer encore cette forme initiale en suscitant un être nouveau (un esprit) dans le premier. Ceci revient à dire qu'à partir du psychisme embryonnaire et confus du nouveau-né émergent [sic] une individualité par séparation et fixation progressives des facteurs mentaux. Mais l'art hermétique se propose de parfaire encore ce développement psycho-organique en créant un « homme nouveau » (ou intérieur) dans le « vieil homme » (ou homme extérieur)*[328].

---

[326] En ce qui concerne le chemin de Fabrice qui le mène de l'enfer de Waterloo, à travers la purification, jusqu'au paradis, cf. également Lydia Bauer, « De l'enfer aux étoiles. L'idéal de l'amour inaccessible. La conception de l'amour dans la *Chartreuse de Parme* de Stendhal », op. cit., pp. 173-188.

[327] Stendhal, « La Chartreuse de Parme », op. cit., p. 173.

[328] Roy, Philippe, *L'hermétisme. Philosophie et tradition*, op. cit., pp. 120-121.

Le noir, le blanc et le rouge, qui sont les couleurs des trois étapes du Grand Œuvre, sont également très présentes dans *La Chartreuse de Parme*. Tout d'abord, nous remarquons que ces couleurs servent à qualifier de nombreux personnages du roman. Le douanier auquel Fabrice est confronté après le meurtre de Giletti est décrit comme « petit et noir[329] », à l'instar du chevalier Riscara, qui est « un petit homme noir au physique et au moral[330] ». Quant à Giletti, il joue comme acteur avec « la figure blanchie avec de la farine[331] » et pour finir, les soldats du champ de bataille de Waterloo sont rouges. Leoni souligne cette particularité de Stendhal qui ne parle pas « d'hommes ou de cavaliers habillés en rouge, mais « d'hommes rouges » »[332].

15. L'*Œuvre au noir* : Le chaos

Waterloo symbolise dans la première partie de *La Chartreuse de Parme* le chaos et par conséquent, la première étape du processus alchimique (*nigredo*). Le chaos est marqué par la matière noire, liquide et sans forme (*prima materia*). L'état intérieur de l'adepte est dépressif et mélancolique. Il n'est pas en mesure de comprendre le monde qui l'entoure ni d'en interpréter les signes.

---

[329] Stendhal, « La Chartreuse de Parme », op. cit., p. 200.
[330] Ibid., p. 262.
[331] Ibid., p. 161. En ce qui concerne les rapports entre Giletti et le Polichinelle vêtu en blanc de la commedia dell'arte, cf. Lydia Bauer, *Ein italienischer Maskenball. Stendhals Chartreuse de Parme und die commedia dell'arte*, op. cit., pp. 226-230.
[332] Margherita Leoni, « Vertiges de la sensation : le spectacle impossible de Waterloo », dans : José-Luis Diaz (éd.), *Stendhal. La Chartreuse de Parme ou la « chimère absente »*, actes du colloque d'agrégation des 6 et 7 décembre 1996, Paris, Éditions SEDES, p. 119.

Avant que Fabrice ne parte pour Waterloo, il est décrit comme un être mélancolique. Ainsi, il dit à Gina après s'être décidé à partir : « [...] toutes les tristesses qui, comme tu sais empoisonnent ma vie, surtout les dimanches, ont été comme enlevées par un souffle divin[333]. » Fabrice se trouve dans un « état de torpeur[334] » ; et il est environné par le noir – la couleur de la première étape du Grand Œuvre : « Ne trouves-tu pas que ces vieux murs noircis, symboles maintenant et autrefois moyens du despotisme, sont une véritable image du triste hiver[335] ? »

La coloration, la tristesse et l'évocation de l'hiver indiquent une phase finale et sont associées à la mort. Il est frappant de constater que de nombreux personnages de *La Chartreuse de Parme* sont saisis de mélancolie, particulièrement Gina, Fabrice et Clélia. En alchimie, la recherche d'un ordre n'est pas possible sans une grande épreuve, faite de lutte, de violence et de mort[336]. Dans le chaos, tout paraît obscur, confus et dénué de sens[337].

L'Œuvre au noir symbolise la mort de la matière[338], souvent représentée par le « démembrement » ou le « martyre des métaux » ; on illustrait souvent cette étape de l'Œuvre par l'image d'un homme démembré par un soldat (ill. 26). Il s'agit de la destruction des métaux, étape nécessaire pour leur réagencement ultérieur, dans un ordre nouveau. En alchimie du Moyen-Âge, le

---

[333] Stendhal, « La Chartreuse de Parme », op. cit., p. 200.

[334] Ibid., p. 50.

[335] Ibid.

[336] « Quest'opera [la ricerca dell'ordine] non si compie senza una grande fatica, ci sarà lotta, violenza e guerra. » (Michele Frazzi, *Correggio. La Camera Alchemica*, op. cit., p. 43.)

[337] Ibid., p. 41.

[338] Claus Priesner, « Farben », dans : Claus Priesner / Karin Figala (éds.), *Alchemie: Lexikon einer hermetischen Wissenschaft*, op. cit., p. 132.

chaos était souvent représenté par l'eau[339]. Nous renvoyons ici au jeu de mots, souvent évoqué dans la recherche stendhalienne, de « Water-l'eau[340] ». De même, « Boulot », le nom pris par Fabrice sur le champ de bataille de Waterloo souligne la liaison entre les éléments, la terre et l'eau : « boue l'eau ».

Waterloo représente dans *La Chartreuse de Parme* la phase du chaos qui rappelle les descriptions de l'*Enfer* de Dante[341]. Il pleut sans cesse à Waterloo. Le narrateur répète à plusieurs reprises que la terre est noire, boueuse et sanglante[342]. Fabrice chevauche sur des cadavres[343] et il est confronté au cadavre dénaturé d'un soldat[344] ainsi qu'à un cheval éventré : un mélange de boue et de sang[345]. Nous retrouvons même une scène de démembrement : « [...] on coupait la cuisse à un cuirassier, beau jeune homme de cinq pieds dix pouces[346]. » Les éléments masculins et féminins s'entremêlent à Waterloo. Les couleurs alchimiques y sont présentes : la boue et la terre (noir), le sang, les têtes et les uniformes des soldats (rouge) et la fumée blanche (blanc) :

---

[339] Heike Hild, « Chaos », dans : Claus Priesner/Karin Figala (éds.), *Alchemie: Lexikon einer hermetischen Wissenschaft*, op. cit., p. 98.

[340] Annie Colet, « Nuit et lumière dans l'œuvre romanesque de Stendhal. L'influence du romantisme italien », op. cit., p. 305 ; Michael Nerlich, *Apollon et Dionysos ou la science incertaine des signes*, op. cit., p. 203.

[341] Cf. Lydia Bauer, « De l'enfer aux étoiles. L'idéal de l'amour inaccessible. La conception de l'amour dans la *Chartreuse de Parme* de Stendhal », op. cit., pp. 173-188.

[342] Cf. entre autres : « il y avait un pied de boue » (Stendhal, « La Chartreuse de Parme », op. cit., p. 58) ; « Le fond des sillons était plein d'eau, et la terre fort humide, qui formait la crête de ces sillons, volait en petits fragments noirs lancés à trois ou quatre pieds de haut. » (Ibid., p. 64.)

[343] Ibid., p. 63.

[344] Ibid., p. 59.

[345] Ibid., p. 64.

[346] Ibid., p. 66.

[...] la terre fort humide [...] volait en petits fragments noirs *lancés à trois ou quatre pieds de haut. [...] le* sang *coulait dans la* boue. *[...] il voyait la fumée* blanche *de la batterie à une distance énorme [...]*³⁴⁷.

Une ligne de cavaliers rouges *trottait pour se rapprocher du chemin en contre-bas que le maréchal et l'escorte s'étaient mis à suivre au petit pas, pataugeant dans la* boue. *[...] l'on voyait quelquefois des hommes au galop se détacher sur cette fumée* blanche³⁴⁸.

Si le champ de bataille dévoile toute la palette des couleurs alchimiques, les éléments quant à eux ne sont pas en reste. Michael Nerlich a déjà souligné la présence des éléments au travers des différents chevaux de Fabrice :

*Le premier s'enfonce dans la terre [...]. Incité par la vivandière, il s'en achète un autre qui saute, de son propre chef, dans l'eau [...]. Dépossédé de ce cheval par le lieutenant Robert, son père, [...] il s'achète un troisième cheval qui le porte au-dessus de ses camarades, dans l'air. Et le dernier cheval le porte dans le feu de l'Auberge du Cheval Blanc, cheval de Zeus. Fabrice/ Vasi/Boulot [...] chevauche les quatre éléments, les explore, les reconnaît au cours de son initiation à Waterloo*³⁴⁹.

---

³⁴⁷ Ibid., p. 64. Nous soulignons.
³⁴⁸ Ibid., p. 65. Nous soulignons. En ce qui concerne la répétition des couleurs rouge et blanche lors de la description de la bataille de Waterloo, cf. également Margherita Leoni, « Vertiges de la sensation : le spectacle impossible de Waterloo », op. cit., pp. 118-119.
³⁴⁹ Michael Nerlich, « L'initiation du jeune républicain selon Éleusis ou les quatres chevaux de l'Apocalypse. », op. cit., p. 132.

Fabrice se retrouve à plusieurs reprises dans un « bain nuptial » ; il renaît plusieurs fois. Le lieu de sa naissance est tour à tour : sa cellule, la voiture de la vivandière, la chambre à Zonders. Encore plongé dans l'état de chaos de Waterloo, il ne peut en interpréter les signes : « [...] il n'y comprenait rien du tout[350] » ; « La fumée empêchait de rien distinguer du côté vers lequel on s'avançait[351]. »

En alchimie, le chaos était souvent incarné par la figure de Pan que nous trouvons également sur les peintures murales de la Chambre de Saint-Paul (ill. 8). Selon Erwin Panofsky, l'illustration de Pan renvoie à la terreur[352]. Il le décrit dans son analyse de la Chambre de Saint-Paul comme un démon de la guerre qui fait fuir les titans avec la rumeur de sa coquille[353].

Fabrice ne rencontre Pan qu'indirectement dans *La Chartreuse de Parme,* sous la forme du bruit terrible qui retentit sur le champ de bataille et lui fait mal aux oreilles – comme c'est le cas de l'angelot dans la Chambre de Saint-Paul qui se trouve au-dessus de l'image de Pan et se tient les oreilles : « [...] il [Fabrice, L. B.] était surtout scandalisé de ce bruit qui lui faisait mal aux oreilles[354] ». Aussi est-il question dans le roman du « [...] brutal qui s'avance [...][355] », sans qu'il soit plus précisément défini.

---

[350] Stendhal, « La Chartreuse de Parme », op. cit., p. 64.
[351] Ibid., p. 65.
[352] Erwin Panofsky, *The iconography of Correggio's Camera di San Paolo*, op. cit., p. 42.
[353] Ibid., p. 45.
[354] Stendhal, « La Chartreuse de Parme », op. cit., p. 63.
[355] Ibid., p. 61.

16. L'*Œuvre au blanc* : le meurtre de Giletti

Après son séjour à Waterloo, Fabrice a changé. Et pendant les quatre ans qu'il passe à Naples, il change encore. Gina décrit Fabrice comme une pierre précieuse, un « [...] diamant qui n'avait rien perdu à être poli[356]. » Le diamant, qui s'est développé à partir du carbone noir, est en alchimie une « pierre parvenue au blanc[357] » : « Le charbon apparaît comme une matière brute et sale alors que le diamant est un joyau, utilisé du reste comme l'un des symboles de la pierre philosophale[358]. » Cette signification de la pierre, qui est tout d'abord noire (le nom de Gina est après son premier mariage « Pietra nera » !) puis blanche, pourrait expliquer l'évocation réitérée des diamants dans *La Chartreuse de Parme*, diamants que Fabrice cache à plusieurs reprises dans ses vêtements. Après son retour de Waterloo et la visite chez l'abbé Blanès, Fabrice est illuminé ; ainsi dit-il de lui-même : « Je suis illuminé par une vérité nouvelle, et, au lieu de me révolter contre elle, mon esprit l'adopte[359]. »

Le meurtre du comédien Giletti joue un rôle central dans *La Chartreuse de Parme*. Gina parle de « [...] ce fatal combat avec Giletti qui les avait séparés[360]. » D'un point de vue alchimique, nous pouvons parler d'un processus de séparation ainsi que de putréfaction ou de mortification. La rencontre entre Fabrice et Giletti constitue un pas important dans le processus alchimique

---

[356] Ibid., p. 145.
[357] Dom Antoine-Joseph Pernety, *Dictionnaire mytho-hermétique*, op. cit., p. 110.
[358] Philippe Roy, *L'hermétisme. Philosophie et tradition*, op. cit., p. 100.
[359] Stendhal, « La Chartreuse de Parme », op. cit., p. 187.
[360] Ibid., p. 391.

du Grand Œuvre. Dans les illustrations alchimiques, cette étape est symbolisée par le combat avec le dragon (ill. 18). Le dragon symbolise non seulement le Grand Œuvre en général – sous la forme de l'Ouroboros –, mais également l'étape de la *nigredo*, c'est-à-dire le chaos et le point de départ de l'Œuvre :

> *Le dragon symbolise la difficulté de l'œuvre. Véritable combat chevaleresque où l'homme ne peut parvenir à son but que par la force, la résolution et la vertu. C'est la matière première brute, vulgaire imparfaite*[361].

Giletti n'était pas seulement « dragon » sous Napoléon[362], il représente également la liaison entre l'élément volatil (il danse sur la corde[363]) et le serpent : il fait la roue sur les pieds et sur les mains[364]. Giletti est décrit comme monstrueux et en même temps, il est un adversaire digne de Fabrice. Après la mort de Giletti, le processus de putréfaction alchimique est accompli et Fabrice prend l'identité de Giletti. Lors de la traversée de la frontière qui s'en suit se manifestent de nouveau les diverses étapes du Grand Œuvre. Cette fois encore, les détails de la description sont significatifs : le bureau est de sapin (blanc), il est « taché d'encre » (noir) « et de vin » (rouge). Sur le bureau sont placés des registres qui portent « des taches de toutes couleurs, et la tranche de leurs pages [est] noircie par les mains[365]. » Ici, il s'agit de la « queue de paon » qui

---

[361] Christian Montésinos, *Dictionnaire raisonné de l'alchimie et des alchimistes*, op. cit., p. 157.
[362] Stendhal, « La Chartreuse de Parme », op. cit., p. 162. Cf. également Shigeru Shimokawa, « Le motif des oiseaux dans *La Chartreuse de Parme* », dans : *Stendhal Club*, n° 127, 1990, p. 287.
[363] Ibid., p. 161.
[364] Ibid.
[365] Ibid., p. 200.

symbolise la nouvelle formation de la *prima materia* après sa séparation due à la putréfaction, et qui annonce l'*Œuvre au blanc* :

> *Lorsque l'œuvre est passé du noir au blanc, alors, avant la rubification se produit l'apparition de la queue de paon, c'est-à-dire, selon quelques auteurs, des irisations sur la surface de la matière*[366].

Le douanier est « petit et noir[367] » et il porte un bijou de cuivre[368] à sa cravate. L'homme et son bijou symbolisent le début (noir) et la fin (jaune d'or) du processus alchimique.

17. L'*Œuvre au rouge* : Le mariage chimique

Pour résumer, nous pouvons dire que l'aspect essentiel des théories alchimiques est l'union de la lune (l'eau) avec le soleil (le feu) qui produit avec le mercure la pierre philosophale. Nous retrouvons cette conjonction des oppositions dans *La Chartreuse de Parme* dans la prison de la tour Farnèse, mais également à maintes reprises tout au long du roman.

---

[366] Christian Montésinos, *Dictionnaire raisonné de l'alchimie et des alchimistes*, op. cit., pp. 360-361.
[367] Stendhal, « La Chartreuse de Parme », op. cit., p. 200.
[368] Ibid. ; p. 201 ; p. 202.

Ill. 1 : Borgo P. Giordani, Parme

Ill. 2 : Borgo P. Giordani, détail, Parme

Ill. 3 : Diane, Chambre de Saint-Paul, Parme

Ill. 4 : Fortuna, Chambre de Saint-Paul, Parme

Ill. 5 : Serapide/Ananké, Chambre de Saint-Paul, Parme

Ill. 6 : Les trois Parques, Chambre de Saint-Paul, Parme

Ill. 7 : Saturne, Chambre de Saint-Paul, Parme

Ill. 8 : Pan, Chambre de Saint-Paul, Parme

Ill. 9 :
Ouroboros,
gravure de Lucas Jennis,
dans : *De Lapide Philosophico* (1625)

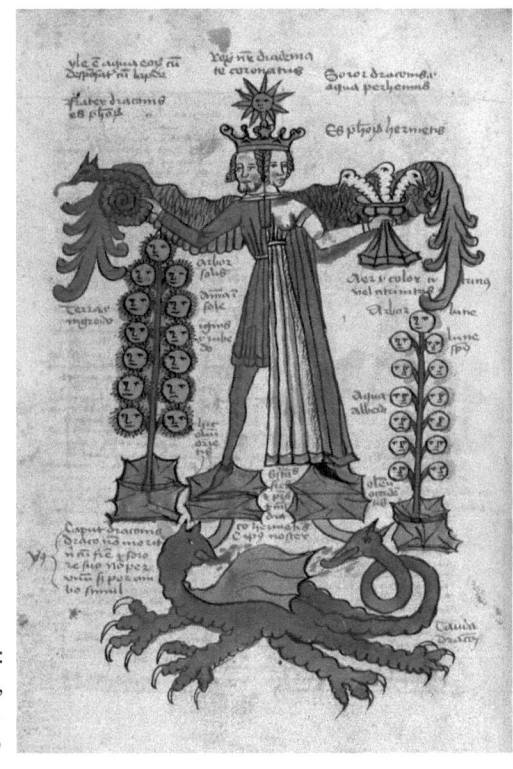

Ill. 10 :
Hermaphrodite purifié,
dans : *Buch der heiligen
Dreifaltigkeit* (1488)

Ill. 11 : Hermès Trismégiste,
dans : Daniel Stolz von Stolzenberg,
Viridarium chymicum (1624)

Ill. 12 : Hermès alchimique,
dans : Achille Bocchi,
Symbolicarum quaestionum
(1555)

Ill. 13 :
Extrait de l'Alchimie de Flamel, par le Chevalier Denys Molinier « pensionnaire du Roy, amateur de la Science hermétique », XVIIIe siècle

Ill. 14 :
Symbole alchimique du soufre

Ill. 15 : Athanor

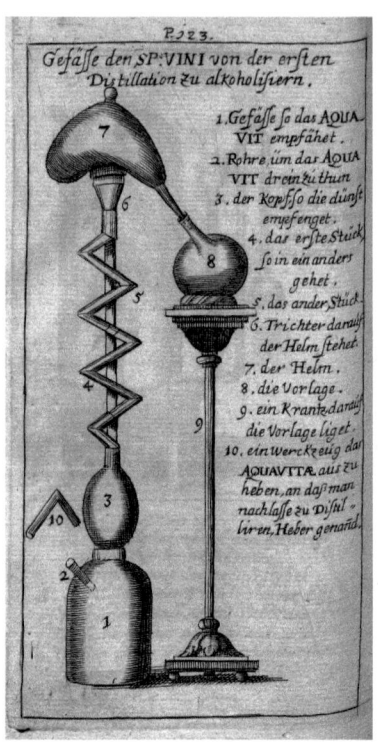

Ill. 16 : Système de distillation d'alcool, Johann Andreas Endter, éditeur (1685)

Ill. 17 : Emblème 38, dans : Michael Maier, *Atalanta Fugiens* (1617)

Ill. 18 : Emblème 11, dans : Michael Maier, *Atalanta Fugiens* (1617)

Ill. 19 : Emblème 8, dans : Michael Maier, *Atalanta Fugiens* (1617)

Ill. 20 : Emblème 1,
dans : Michael Maier,
Atalanta Fugiens (1617)

Ill. 21 : Emblème 34,
dans : Michael Maier,
Atalanta Fugiens (1617)

Ill. 22 :
Jacopo Zucchi,
Portrait of a Lady (env. 1570)

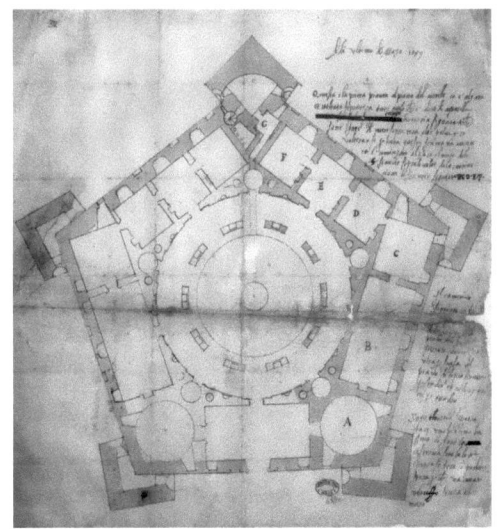

Ill. 23 :
Palais Farnèse de Caprarola,
plan de Vignola (1559)

Ill. 24 : Gaspar van Wittel,
The Castel Sant'Angelo (Rome) from the South (1690)

Ill. 25 : Gaspar van Wittel, Villa Farnese at Caprarola (entre 1720 et 1725)

Ill. 26 :
Man with decapitated corpse,
dans : *Splendor Solis*, 1582

Ill. 27 :
Knight standing on fountains,
dans : *Splendor Solis*, 1582

Ill. 28 : Cabinet de l'Ermatena (voûte), Palais Farnèse de Caprarola

Ill. 29 : Chambre des rêves (voûte), Palais Farnèse de Caprarola

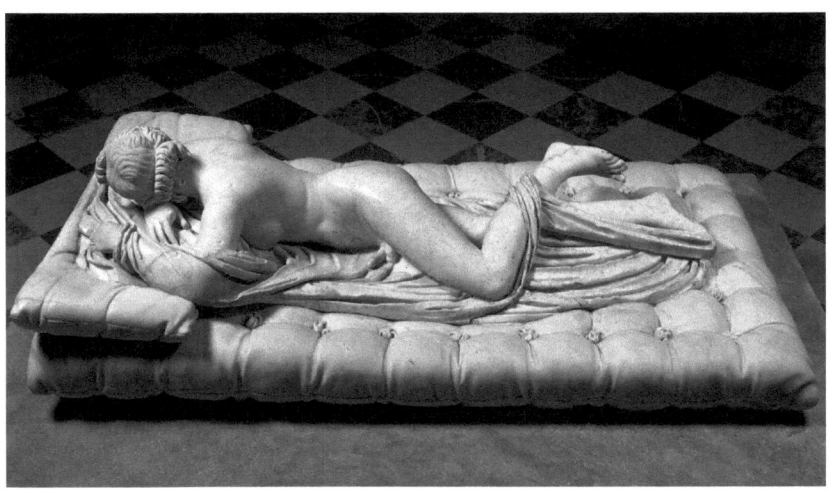

Ill. 30 : Hermaphrodite endormi

396   F. Basilii Valentini Practica,

II. CLAVIS.

IN aulis magnatum & potentium reperiuntur varia genera potus, quorum tamen vix ullum alteri odore, calore ac sapore simile est: Nam præparatio illorum est multiplex: nihilominus omnia bibuntur,cum singula ad suum usum ordinata & ad œconomiam necessaria sint.

Cum sol radios suos emittit: perque nubes spargit, vulgo dicitur, solem attrahere aquas ac pluvias instare, idque si sæpe contingat, fæcundum reddit annum.

Ad palatium pretiosissimum exædificandum varii & diversi opifices & mechanici manus suas adhibent & laborant, antequam ornatissimum ac perfectum palatium vocari possit: quod enim requiritur lapideum, ligneum fieri nequit.

Per quotidianos maris sævientis cursus ac recursus, qui ex sympathia quadam superne ex cœlorum influentia contingentes causantur, multæ magnæque divitiæ terris accedunt: Nam quotiescunque refertuntur,hominibus aliquid boni secum adferunt.   Virgo

Ill. 31 : Représentation théosophique de l'alchimie,
Hermann von Sand, éditeur (1678)

17.1 L'eau et le feu

L'eau et le feu sont essentiels à la création de la pierre philosophale[369]. Cette pierre, appelée aussi *Mercure des philosophes*, est l'hermaphrodite ; c'est l'union des deux éléments autant que des deux sexes. Il représente l'Ouroboros, le serpent mercuriel, lié autant à la terre et à l'eau (le serpent) qu'à l'air et au feu (le dragon).

La Chartreuse de Parme est imprégnée d'une symbolique de l'eau et du feu[370]. L'union de ces deux éléments prédomine et se manifeste à plusieurs reprises dans le roman, qu'il s'agisse de l'orage sur le lac de Côme, des flaques et des canaux sur le champ de bataille à Waterloo, du spectacle des « mortaretti » sur les rives du lac de Côme ou des fontaines de vin et d'eau et du feu d'artifice (« un feu magnifique[371] ») dans le jardin du palais de Gina à Sacca. Cette dernière association souligne particulièrement l'idée de l'eau de feu ; nous y reviendrons.

Christopher W. Thompson parle de l'« aspiration constante à l'air[372] » de Fabrice alors que les éléments de Gina sont « l'eau et le feu[373] ». En ce qui concerne cette dernière, nous approuvons : En tant que Diane-Luna, ses éléments sont l'eau et le feu. Fabrice en revanche nous semble autant lié à l'eau que l'est Gina, du fait qu'il est une personnification du mercure (*aqua mercurialis*). Il partage avant tout avec Gina l'amour pour le lac du Côme et tous deux passent beaucoup de temps ensemble sur l'eau. Dans le

---

[369] Cf. Carl Gustav Jung, *Psychologie et alchimie*, op. cit., pp. 305-311.

[370] André Guyon, « Feu et lumière. L'expérience de l'être dans *La Chartreuse de Parme* », dans : Jean-Claude Rioux (éd.), *Le symbolisme stendhalien*, actes du colloque universitaire de Nantes, 21-22 octobre 1983, Nantes, Éditions Arts-Cultures-Loisirs, 1986, pp. 169-187.

[371] Stendhal, « La Chartreuse de Parme », op. cit., p. 388.

[372] Christopher W. Thompson, *Le jeu de l'ordre et de la liberté dans « La Chartreuse de Parme »*, op. cit., p. 168.

[373] Ibid., p. 106.

deuxième chapitre de *La Chartreuse de Parme*, nous lisons que Fabrice cherche avec ses amis les lignes pour attraper les poissons avant les pêcheurs. Dès le début du roman, une relation est établie entre Fabrice et les poissons. Cette relation resurgit après le meurtre de Giletti. Après que Fabrice s'est changé dans la trattoria de Theodolinda, Ludovic prend un filet et met ses vêtements dans une corbeille :

> *Ludovic décrocha un filet suspendu à la muraille, plaça les habits de Fabrice dans le panier où l'on met le poisson, descendit en courant et sortit rapidement par une porte de derrière [...]*[374].

L'action de Ludovic ainsi que les objets utilisés – le « filet », « le panier où l'on met le poisson » – s'expliquent par le contexte alchimique. Pour représenter le vase hermétique ainsi que le mercure qui se trouve dans ce vase, les alchimistes utilisaient l'image du lac, « [...] parce que c'est une eau qui n'a point d'issue, comme celle d'un lac qui communément n'a point de communication qu'avec les rivières qui s'y jettent[375]. » Étant donné que l'eau se trouve en relation étroite avec la pierre philosophale, celle-ci est souvent identifiée à un poisson. Ainsi, nous lisons par exemple chez Fulcanelli :

> *Le* poisson *est l'hiéroglyphe [sic] de la pierre des Philosophes dans son premier état, parce que la pierre, comme le poisson, naît dans l'eau et vit dans l'eau. [...] D'autres allégories recommandent de le saisir à l'aide d'un* filet *ou d'un* rets *délié, ce qui est une image exacte des mailles, formées de fils entrecroisés,*

---

[374] Stendhal, « La Chartreuse de Parme », op. cit., p. 205.
[375] Dom Antoine-Joseph Pernety, *Dictionnaire mytho-hermétique*, op. cit., pp. 234-235.

schématisées sur nos galettes *de l'Epiphanie [...]. La* corbeille *que porte le poisson est le même hiéroglyphe que la galette [...]*[376].

La pierre philosophale se forme en alchimie dès que l'eau s'unit avec le feu sous l'influence du mercure. Incarnant Mercure, le personnage de Fabrice produira la pierre philosophale ; il symbolise en effet le poisson mais aussi l'hermaphrodite et il unit les éléments masculin (le feu) et féminin (l'eau)[377]. Ainsi il n'est pas surprenant que Gina voit dans les yeux de Fabrice, au moment où il parle de son départ pour Waterloo, à la fois des larmes et des flammes :

> *Les yeux de Fabrice se mouillèrent, il répandit des larmes en embrassant la comtesse [...]. [...] – Tu sais, ajouta-t-il à voix basse en se rapprochant de la comtesse, et fixant sur elle ses yeux d'où jaillissaient des flammes [...]*[378].

La procession que Fabrice regarde du haut du clocher de l'abbé Blanès nous offre un autre exemple de la conjonction du feu et de l'eau. Cette procession se déroule sur fond de petites explosions de « mortaretti » – petits canons raccourcis et « rangés sur trois lignes comme un bataillon[379] ». Le vacarme et les canons rappellent la description de Waterloo, de même que l'union du feu et de l'eau illustrée par le bruit des « mortaretti », associé au bruissement de l'eau du lac : « Rien n'est gai comme le bruit de ces

---

[376] Fulcanelli, *Le mystère des cathédrales et l'interprétation ésotérique des symboles hermétiques du Grand-Œuvre*, op. cit., pp. 126-127.
[377] Michele Frazzi, *Correggio. La Camera Alchemica*, op. cit., p. 50.
[378] Stendhal, « La Chartreuse de Parme », op. cit., pp. 49-50.
[379] Ibid., p. 177.

mortaretti entendu de loin sur le lac, et adouci par le balancement des eaux [...][380]. »

Au début de *La Chartreuse de Parme*, Gina, Fabrice et ses sœurs font une promenade sur l'eau quand soudain, un orage éclate : le tonnerre (c'est-à-dire l'énergie/le feu) et l'eau se réunissent ; le vent qui en résulte reflète le combat des éléments opposés que sont le feu et l'eau. Ce combat se trouve souligné dans le texte par les rafales de vent qui « luttent » ainsi que par l'évocation « des directions opposées ». La barque se trouve à la croisée des deux bras du lac : « [...] des rafales de vent sortent à l'improviste de deux gorges de montagnes placées dans des directions opposées et luttent sur les eaux[381]. » Gina tombe à l'eau alors qu'elle cherche à atteindre *une pierre*, « un rocher », et Fabrice la suit pour la sauver :

> *La comtesse voulut débarquer au milieu de l'ouragan et des coups de tonnerre ; elle prétendait que, placée sur un rocher isolé au milieu du lac, et grand comme une petite chambre, elle aurait un spectacle singulier [...] ; mais, en sautant de la barque, elle tomba dans l'eau. Fabrice se jeta après elle pour la sauver [...][382].*

Fabrice et Gina se retrouvent dans une sorte de « bain nuptial » auquel renvoie également le rocher, semblable à « une petite chambre ». On peut comparer cette petite chambre au vase hermétique – le creuset symbolisé par la croisée des deux bras du lac – dans lequel s'accomplit, complètement isolé du monde extérieur, le mariage chimique.

---

[380] Ibid.
[381] Ibid., pp. 46-47.
[382] Ibid., p. 47.

En évoquant les étapes du Grand Œuvre, nous avons renvoyé au fait que la *prima materia* elle-même ou l'essence de la *prima materia* se caractérise, à l'instar de Mercure, par sa double nature : il s'agit d'un être androgyne. Nous avons également vu que Fabrice s'unissait sur le champ de Waterloo à ses chevaux – comme Mercure, il fait figure de psychopompe. Sa double nature est soulignée par l'image du centaure ou du sagittaire. À cette double nature correspond la double nature (animale et humaine) de la sirène, de la Mélusine :

> *[...] dans le cours du Grand Œuvre comme le conçoit et le décrit Paracelse, « la Mélusine apparaît comme une variante du serpent mercuriel [...], lequel a parfois été représenté entre autres sous les traits d'une jeune fille à forme de serpent, afin de montrer par cette monstruosité la nature double du Mercure [...] »*[383].

Revenons à la scène qui se déroule sur le lac de Côme, à Gina et à la sirène. Gina saute dans l'eau et Fabrice s'élance après elle pour la sauver. Nous trouvons une scène comparable dans *La Jeunesse d'Alexandre Farnèse*, un texte qui a inspiré *La Chartreuse de Parme*. Dans ce texte, c'est la Vandozza qui tombe à l'eau :

> *La lune, dans sa course, étant venue à illuminer même cet endroit de la* Longara, *Vandozza qui se balançait avec grâce à la pointe d'une des barques tomba à l'eau, et dans le moment où toute la société s'alarmait de cet accident, changeant de vêtements avec une promptitude incroyable, elle parut dans l'eau vêtue en naïade. [...] Comme Vandozza achevait de réciter son idylle, les deux corbeilles de fleurs s'éloignèrent peu à peu des barques et commençaient à être entraînées dans un*

---

[383] Michel Cazenave (dir.), *Encyclopédie des symboles*, op. cit., p. 404.

mouvement circulaire, lorsqu'un jeune abbé qui passait pour l'amant favori de Vandozza se jeta à l'eau tout habillé et bientôt la charmante naïade fut en sûreté dans une barque[384].

Fabrice et Gina forment une unité. Ils représentent la double nature du *Mercure des philosophes*, qui est à l'origine et à la fin du Grand Œuvre et qui est également nommé l'hermaphrodite, le *rebis* et l'androgyne : c'est l'union du masculin et du féminin, du soufre et du mercure, du soleil et de la lune, du fixe et du volatil, du feu et de l'eau.

Un autre exemple de représentation du *serpent mercuriel* nous est offert par la description de la Fausta F*** dans *La Chartreuse de Parme*. La lettre initiale et la lettre finale de son nom sont équivalentes et renvoient au cercle, à l'Ouroboros. Dans le poème attribué au poète italien Pietro Buratti, la Fausta est décrite comme principe de la conjonction des opposés ; et elle est comparée à un serpent :

Vouloir et ne pas vouloir, adorer et détester en un jour, n'être contente que dans l'inconstance, mépriser ce que le monde adore, tandis que le monde l'adore, la Fausta a ces défauts et bien d'autres encore. Donc ne vois jamais ce serpent[385].

Nous nous souvenons que Fabrice chante à cheval, affublé d'« une perruque de cheveux rouges[386] », sous les fenêtres de la Fausta[387]. Il s'agit du Sagittaire, lié au feu et à l'air, qui chante devant la Sirène, liée à l'eau et à la terre. Nous y retrouvons donc les deux formes du *Mercure des philosophes* : le masculin et le féminin.

---

[384] Stendhal, « La Chartreuse de Parme », Appendice I, op. cit., p. 507.
[385] Stendhal, « La Chartreuse de Parme », op. cit., p. 226.
[386] Ibid., p. 232.
[387] Ibid., p. 237.

Pour compléter la liste des « femmes-serpent » dans l'œuvre de Stendhal, il faut également mentionner Lamiel, nommée dans le roman « petit serpent, fille du diable[388] ! » Helga Druxes suppose une association surnaturelle du personnage de par son nom en renvoyant à la figure mythique grecque Lamia, être hybride, mi-femme, mi-serpent[389]. L'apparence du serpent resurgit lorsque Lamiel s'enlaidit le visage à l'aide du vert de houx.

17.2 La fontaine mercurielle et l'alcool

En alchimie, l'union du soleil et de la lune est souvent illustrée par deux fontaines : l'eau (blanc, mercure) et le vin (rouge, soufre) (ill. 27). Nous retrouvons ces deux fontaines dans la description de la fête de Sacca que Gina organise après la libération de Fabrice. D'une part, elle donne l'ordre à Ludovic de donner du vin aux gens de Sacca – sous la forme de « quatre-vingt neuf fontaines de vin[390] » installées dans son parc –, d'autre part Ludovic doit ouvrir le réservoir d'eau, dont l'accès se trouve dans le palais de Gina à Parme : « […] je donne du vin à mes braves gens de Sacca, je veux inonder les habitants de Parme ; le même soir où mon château sera illuminé, […] cours à mon palais à Parme, et ouvre le réservoir[391]. »

Outre sa couleur, le vin a une fonction essentielle en alchimie car il est perçu comme une liaison entre le feu et l'eau. Nous retrouvons d'ailleurs ces deux fontaines – de feu et d'eau – dans

---

[388] Stendhal, « Lamiel », dans : *Romans et nouvelles*, t. II, op. cit., p. 904.
[389] Helga Druxes, *The feminization of Dr. Faustus. Female identity quests from Stendhal to Morgner*, Pennsylvania State University Press, 1993, p. 27.
[390] Stendhal, « La Chartreuse de Parme », op. cit., p. 388.
[391] Ibid.

la Chambre de Saint-Paul, dans les formes de deux figures que Michele Frazzi interprète comme *Genius-Fuoco* et *Vesta-Aqua*[392]. Hans-Werner Schütt renvoie au fait que la distillation est « un enfant de l'alchimie », car l'alcool est l'eau qui brûle, l'eau de feu (*aqua ardens*). Il s'agit donc d'une conjonction des opposés. Selon Schütt, l'alcool fut utilisé à l'origine en médecine comme le prouvent les dénominations « eau-de-vie » et « aquavit[393] ».

L'importance de l'alcool et notamment de l'eau-de-vie pour l'alchimie explique également l'évocation répétée de l'alcool dans *La Chartreuse de Parme*, qui nous interpelle d'autant plus que, dans les autres romans de Stendhal, il n'en est que rarement question. Dans *La Chartreuse de Parme*, l'eau-de-vie revêt une fonction quasi vitale. Fabrice en reçoit des mains de la vivandière sur le champ de bataille de Waterloo[394], où il l'achète ensuite lui-même[395] – c'est à cause de l'alcool qu'il ne voit pas Napoléon. L'abbé Blanès cache l'eau-de-vie dans son clocher dans l'éventualité où Fabrice viendrait[396], Ludovic donne une bouteille d'eau-de-vie à Fabrice après le meurtre de Giletti[397] et l'eau-de-vie l'aide également lors de son évasion de la tour Farnèse[398]. Pourquoi évoquer si souvent l'eau-de-vie si ce n'est pour renvoyer à l'élixir alchimique ?

L'union de l'eau (lune) et du feu (soleil) s'opère également dans le roman *Le Rouge et le Noir*. Au début il y est question de Julien Sorel entrant dans une église avant de se rendre chez la

---

[392] Michele Frazzi, *Correggio. La Camera Alchemica*, op. cit., p. 46.
[393] Hans-Werner Schütt, *Auf der Suche nach dem Stein der Weisen*, op. cit., p. 308.
[394] Stendhal, « La Chartreuse de Parme », op. cit., p. 59.
[395] Ibid., p. 66.
[396] Ibid., p. 171.
[397] Ibid., p. 206.
[398] Ibid., p. 383.

famille de Rênal. Le narrateur évoque « les croisées de l'édifice » qui sont « couvertes d'étoffe cramoisie[399] ». Nous avons déjà mentionné que la croix symbolise en alchimie l'athanor, le creuset (*crucibulum*), et la couleur rouge, la dernière étape du Grand Œuvre, dans laquelle la pierre philosophale naît. Peu après, nous retrouvons les deux eaux : l'eau blanche et l'eau rouge :

> *En sortant, Julien crut voir du sang près du bénitier, c'était de l'eau bénite qu'on avait répandue : le reflet des rideaux rouges qui couvraient les fenêtres la faisait paraître du sang*[400].

18. Le Grand Œuvre et la tour Farnèse

Le mariage chimique désigne en alchimie l'union du soleil, de la lune et de Mercure ou du soufre, du mercure et du sel, ou encore de l'esprit, de l'âme et du corps. Le résultat de cette union est la pierre philosophale. Cette trinité fondamentale pour le Grand Œuvre explique l'omniprésence du chiffre trois dans *La Chartreuse de Parme*[401].

Nous avons déjà évoqué la ressemblance de la tour Farnèse avec un athanor. La cellule de Fabrice située dans cette tour remplit la

---

[399] Stendhal, « Le Rouge et le Noir », dans : Stendhal, *Œuvres romanesques complètes*, t. I, préface de Philippe Berthier, édition établie par Yves Ansel et Philippe Berthier. Gallimard, Bibliothèque de la Pléiade, 2005. p. 371.

[400] Stendhal, « Le Rouge et le Noir », op. cit., p. 371.

[401] Pour une analyse détaillée du chiffre trois dans la *Chartreuse de Parme* cf. Christof Weiand, « La symbolique du chiffre 3 dans *La Chartreuse de Parme* », dans : Jean-Claude Rioux (éd.), *Le symbolisme stendhalien*, actes du colloque universitaire de Nantes, 21-22 octobre 1983, Nantes, Éditions Arts-Cultures-Loisirs, 1986, pp. 135-144.

fonction d'un vase hermétique, vase dans lequel la pierre philosophale est générée. La trinité des éléments participant au processus alchimique se reflète dans les trois cellules de la tour Farnèse. Il s'agit à la fois d'une séparation et d'une conjonction des matières. La prison est en alchimie synonyme de l'*œuf philosophique* hermétiquement clos[402]. L'une des propriétés essentielles de la pierre philosophale étant la production de l'or, il n'est pas surprenant qu'à la fin du chapitre XVII, le narrateur ne mentionne plus les diamants de Gina mais son or. Avant sa description de la tour Farnèse, il évoque ainsi Gina distribuant généreusement de l'or pour avoir accès à la citadelle qui lui est interdite : « L'or de la duchesse ne produisit d'autre effet que de faire renvoyer de la citadelle huit ou dix hommes de tout grade[403]. » ; « Malgré l'or jeté à pleines mains, la duchesse n'avait pu faire un pas dans le siège de la citadelle [...][404]. » Dans la description détaillée de la tour Farnèse, le futur mariage chimique est annoncé en tant que conjonction des oppositions. Le narrateur attire l'attention du lecteur sur le fait que Fabrice subira une transmutation :

> *[...] pour le moment, nous sommes obligés de laisser Fabrice dans sa prison, tout au faîte de la citadelle de Parme ; on le garde bien, et nous l'y retrouverons peut-être un peu changé*[405].

D'emblée, au début du chapitre XVIII, il est question d'une vue fantastique sur le paysage :

---

[402] « [...] l'œuf était une prison parce que une fois que les époux philosophiques [...] y étaient entrés, ils y étaient détenus jusqu'à la fin de l'Œuvre. » (Albert Poisson, *Théories & symboles des alchimistes*, op. cit., p. 103.)

[403] Stendhal, « La Chartreuse de Parme », op. cit., p. 307.

[404] Ibid.

[405] Ibid., p. 280.

Ces sommets, toujours couverts de neige, même au mois d'août où l'on était alors, donnent comme une sorte de fraîcheur par souvenir au milieu de ces campagnes brûlantes [...][406].

Évidemment, le paysage contemplé par Fabrice a une fonction symbolique. Dans ce paysage se rencontrent les oppositions suivantes : le haut (les sommets) et le bas (les campagnes), l'eau (la neige) et le feu (la chaleur), l'hiver et l'été. Nous avons montré que Fabrice était l'incarnation de Mercure ; il ne manque donc que le soleil et la lune pour engendrer la pierre philosophale – l'enfant philosophique. Dès son entrée dans sa cellule, Fabrice se dirige vers la fenêtre où il assiste à un « spectacle sublime » ; la lune montante et le soleil déclinant apparaissent en même temps[407] :

Il y avait la lune ce jour-là, et au moment où Fabrice entrait dans sa prison, elle se levait majestueusement à l'horizon à droite, au-dessus de la chaîne des Alpes, vers Trévise. Il n'était que huit heures et demie du soir, et à l'autre extrémité de l'horizon, au couchant, un brillant crépuscule rouge orangé *dessinait parfaitement les contours du mont Viso et des autres pics des Alpes [...] ; sans songer autrement à son malheur, Fabrice fut ému et ravi par ce spectacle sublime. [...] Ce ne fut qu'après avoir passé plus de deux heures à la fenêtre, admirant cet horizon qui parlait à son âme [...] que Fabrice s'écria tout à coup : Mais ceci est-il une prison*[408] *?*

---

[406] Ibid., p. 308.

[407] Nerlich a vu cette liaison entre le soleil et la lune, mais il assimile Gina au soleil et Clélia à la lune. Il interprète le roman de Stendhal dans un contexte orphique. D'après nous, Stendhal se réfère à l'alchimie : Gina incarne Diane/Luna et non Aphrodite. (Cf. Michael Nerlich, *Apollon et Dionysos ou la science incertaine des signes*, op. cit., p. 310.)

[408] Stendhal, « La Chartreuse de Parme », op. cit., pp. 310-311. Nous soulignons.

Le crépuscule « rouge orangé » renvoie au soleil et à l'or de même qu'à l'orange, leur symbole. Stendhal avait connaissance de l'union du soleil et de la lune telle qu'elle est évoquée dans le *Faust* de Goethe. Dans la seconde partie de la tragédie, l'Astrologue déclare :

> *Oui quand au Soleil la Lune joliment s'unit, / L'argent à l'or, le monde est joyeux ; / On peut tout acquérir : / Palais, jardins, gorgelettes, joues roses. / Tout cela, il le procure, l'homme très savant / Qui peut ce que ne peut aucun de nous*[409].

> *Ja! wenn zu Sol sich Luna fein gesellt, / Zum Silber Gold, dann ist es heitre Welt, / Das Uebrige ist alles zu erlangen, / Palläste, Gärten, Brüstlein, rothe Wangen, / Das alles schafft der hochgelahrte Mann / Der das vermag, was unser keiner kann*[410].

La conjonction du soleil et de la lune est également représentée sur les peintures murales du Palais Farnèse de Caprarola, notamment dans la Chambre d'Aurore où le char de la lune rencontre, en présence de Mercure, le char du soleil (cf. illustration de couverture). Un autre exemple de la co-présence de la lune et du soleil nous est offert dans la Chambre des rêves (*Stanza dei Sogni*) du Palais (ill. 29).

---

[409] Johann Wolfgang Goethe, « Faust II », dans : *Théâtre complet*, édition établie par Pierre Grappin avec collaboration d'Éveline Henkel, texte traduit par Suzanne Paquelin, Paris, Gallimard, Bibliothèque de la Pléiade, 1988, p. 1258.

[410] Johann Wolfgang Goethe, « Faust. Der Tragödie zweiter Teil », dans : Johann Wolfgang Goethe, *Sämtliche Werke nach Epochen seines Schaffens*, Münchner Ausgabe, Karl Richter in Zusammenarbeit mit Herbert G. Göpfert, Norbert Miller, Gerhard Sauder und Edith Zehm (éds.), Bd. 18.1, herausgegeben von Gisela Henckmann und Dorothea Hölscher-Lohmeyer, München, Carl Hanser Verlag, 1997, p. 116.

Les descriptions de la tour Farnèse ainsi que de l'é-vas-ion de Fabrice reprennent les trois étapes du Grand Œuvre à plusieurs reprises. Ainsi nous les discernons par exemple dans la description de la cellule de Fabrice. Les rats renvoient à la *nigredo*. Dans la scène où ils sont chassés par le chien et courent « dans tous les sens[411] », nous assistons à une situation chaotique et retrouvons le « tapage[412] » et la « bataille admirable[413] » de Waterloo. Béatrice Didier parle fort à propos d'un « écho burlesque de la bataille de Waterloo[414]. »

De plus, le chien est en alchimie un symbole du soufre et de l'or[415]. Après le combat des rats noirs et du chien qui, au demeurant, est nommé « Fox »[416] – le renard – et rappelle donc la couleur rouge, Fabrice éprouve « une secrète joie […] au fond de son âme[417]. » Le chien rappelle à lui seul la double nature de Fabrice-Mercure puisque le

renard, animal volatile [sic] de couleur feu, espiègle et ambigu, en est aussi un symbole, évoquant plus spécifiquement l'instinct mercuriel ou la libido psychique. De par son caractère, le renard participe des ruses et des pièges de la nature, mais avec la même ruse il peut guider le philosophe, ou son entendement, dans les méandres et les reflets du monde (au sens platonicien du terme). Le dieu Mercure, dieu ailé apparaissant

---

[411] Stendhal, « La Chartreuse de Parme », op. cit., p. 311.
[412] Ibid.
[413] Ibid.
[414] Béatrice Didier, « Rappels, annonces et réitérations du récit », op. cit., p. 35.
[415] Albert Poisson, *Théories & symboles des alchimistes*, op. cit., p. 153.
[416] Stendhal, « La Chartreuse de Parme », op. cit., p. 313.
[417] Ibid., p. 312.

comme un adolescent farceur ou un sage vieillard, présente le même caractère volatil et ambigu[418].

Rappelons ici également le passage du *Faust* de Goethe au début duquel Faust se voit confronté à un chien noir. D'après Yvette Kace Centeno « [c]e chien noir est un signe favorable [...] et en étroit rapport avec l'Œuvre, avec le feu. Faust observe qu'un „ tourbillon de feu " marque le passage de ce chien[419]. »

Directement après cette bataille, des meubles « antiques et fort dorés[420] » sont apportés dans la cellule de Fabrice. Enfin, le seul endroit dans lequel Fabrice cache de l'or est la prison :

La veille au soir, avant de se coucher, il s'était imposé l'ennui fort long de cacher la meilleure partie de l'or qu'il avait, dans plusieurs des trous de rats qui ornaient sa chambre de bois[421].

Dans ce passage, nous retrouvons de nouveau une conjonction des oppositions : le métal précieux et étincelant dans le trou noir et simple.

Suite à la scène confrontant le chien aux rats, Fabrice se pose deux fois la question de savoir si Clélia rougira en le voyant[422]. La rougeur de Clélia peut être interprétée comme annonciatrice de la troisième étape du Grand Œuvre (la *rubification*). Cette coloration est de fait évoquée dès sa première rencontre avec Fabrice près du lac de Côme. Clélia, en essayant de descendre de la voiture,

---

[418] Philippe Roy, *L'hermétisme. Philosophie et tradition*, op. cit., p. 130.
[419] Yvette Kace Centeno, « L'alchimie et le Faust de Goethe », op. cit., p. 134.
[420] Stendhal, « La Chartreuse de Parme », op. cit., p. 312.
[421] Ibid., p. 317.
[422] « Rougira-t-elle en m'apercevant ? » (Ibid., p. 313) ; « [...] cette physionomie céleste et pensive que j'attends et qui rougira peut-être un peu si elle m'aperçoit [...]. » (Ibid.)

tombe dans les bras de Fabrice et « rougit profondément[423] ». Lors du trajet en voiture, les regards de Fabrice provoquent une fois encore la rougeur de Clélia[424].

Tout mène au Grand Œuvre. La tour Farnèse dans laquelle Fabrice est emprisonné est qualifiée d'« ouvrage avancé[425] ». De plus, Fabrice regarde sans cesse les cages d'oiseaux de Clélia :

[...] ses regards revenaient à chaque instant aux magnifiques cages de citronnier et de bois acajou qui, garnies de fils dorés, s'élevaient au milieu de la chambre fort claire, servant de volière[426].

Nous remarquons de nouveau la présence des différentes couleurs du Grand Œuvre : le blanc/jaune (le citronnier), le rouge/noir (l'acajou) ainsi que les fils dorés qui pourraient être également lus comme une allusion à la pierre philosophale, le *filius philosophorum*. Pourquoi cet intérêt pour les cages et les oiseaux ? Les oiseaux vivent depuis l'origine de l'alchimie dans les volières alchimiques, c'est-à-dire dans l'alambic. Le rapport entre la pierre philosophale et les oiseaux est dû au fait que cette pierre était également désignée comme œuf et qu'elle formait donc une matière ornithologique[427]. En outre, les oiseaux symbolisaient en alchimie aussi bien la sublimation que la condensation :

Oiseaux. – S'élevant dans le ciel, volatilisation, ascension, sublimation ; redescendant vers la terre, précipitation, condensation.

---

[423] Ibid., p. 99.
[424] Ibid., p. 101.
[425] Ibid., p. 313.
[426] Ibid.
[427] Manuel Bachmann/Thomas Hofmeier, *Geheimnisse der Alchemie*, Basel, Schwabe & CO.AG.Verlag, 1999, pp. 64-65.

Ces deux symboles réunis en une même figure, distillation. Des oiseaux opposés à des animaux terrestres signifient l'Air ou le principe volatil[428].

Fabrice-Mercure incarne le principe volatil[429], il porte « l'œuf », la pierre philosophale. C'est pourquoi sa cellule est qualifiée à plusieurs reprises de « cage ». Après que Clélia est entrée dans la volière et qu'elle a vu Fabrice, elle rougit véritablement. La coloration rouge de sa peau va jusqu'à occulter le noir de son châle :

Fabrice remarqua qu'elle rougissait tellement que la teinte rose s'étendait rapidement jusque sur le haut des épaules, dont la chaleur venait d'éloigner, en arrivant à la volière, un châle de dentelle noire[430].

L'alphabet des lumières grâce auquel Gina et Fabrice communiquent a également une fonction alchimique. Nous apprenons qu'ils avaient convenu des signes suivants :

[…] on commença dès cette première nuit à établir les abréviations : trois apparitions se suivant très rapidement indiquaient la duchesse ; quatre, le prince ; deux, le comte Mosca ; deux apparitions rapides suivies de deux lentes voulaient dire évasion[431].

---

[428] Albert Poisson, *Théories & symboles des alchimistes*, op. cit., p. 155.
[429] Shigeru Shimokawa renvoie au fait que « […] du début jusqu'à la fin du roman, l'auteur nous présente Fabrice comme un oiseau, un oiseau de proie le plus souvent. » (Shigeru Shimokawa, « Le motif des oiseaux dans *La Chartreuse de Parme* », op. cit., p. 283.)
[430] Stendhal, « La Chartreuse de Parme », op. cit., p. 316.
[431] Ibid., p. 341.

Les trois personnes nommées ici ont une fonction alchimique. Nous avons déjà montré que Gina incarne Luna (ou Diana Triformis) ; à la triple nature de Gina correspond le signe de trois apparitions. Le prince incarne le soleil ; en témoignent son imitation du roi Soleil, Louis XIV, ainsi que ses vêtements rouges :

> *Mosca avait prévenu la comtesse que le prince avait, dans le grand cabinet où il recevait en audience, un portrait en pied de Louis XIV [...]. Elle trouva que l'imitation était frappante ; évidemment il cherchait le regard et la parole noble de Louis XIV [...]. [...] par un bizarre mélange de costumes, le jour où la duchesse fut reçue il avait pris une culotte rouge [...]*[432].

L'identification avec le soleil et le feu est encore plus prononcée chez le fils du prince, qui a des cheveux rouges. Mosca quant à lui peut être assimilé à Mercure ; tout du moins Gina le compare-t-elle à Ferrante Palla et Ludovic[433]. La conjugaison de la lune, du soleil et de Mercure déclenche le processus alchimique et « l'évasion ».

Les balles de plomb lancées dans la prison de Fabrice et contenant les instructions nécessaires à son évasion peuvent être interprétées comme un indice supplémentaire de l'accomplissement du Grand Œuvre. Au total, il reçoit trois balles qu'il doit ouvrir. À l'intérieur se trouvent des lettres, des plans et un sonnet :

> *[...] Fabrice eut presque la tête cassée par une grosse balle de plomb [...]. Cette fort grosse balle n'était point aussi pesante à beaucoup près que l'annonçait son volume ; Fabrice réussit facilement à l'ouvrir et trouva une lettre de la duchesse*[434].

---

[432] Ibid., p. 125.
[433] Ibid., p. 352.
[434] Ibid., p. 351.

Le lendemain, une balle de plomb, lancée par le frondeur, apporta au prisonnier l'annonce du plus grand péril possible [...]. Cette balle de plomb apportait aussi à Fabrice une vue fort exacte du mur du couchant [...]. Sur le revers du plan était écrit d'une petite écriture fine un sonnet magnifique [...][435].

Le lendemain soir elle fit faire à Fabrice le signal du grand péril.
Le feu a pris au château.
Il répondit fort bien.
Mes livres sont-ils brûlés ?
La même nuit elle eut le bonheur de lui faire parvenir une lettre dans une balle de plomb[436].

Nous avons vu que le plomb est la matière la plus importante du processus alchimique. Il symbolise la *prima materia*, le point de départ du Grand Œuvre[437]. Ainsi le plomb est-il lié à l'*Œuvre au noir*, au chaos et à la mélancolie. La balle en revanche renvoie à l'*œuf philosophique* et la façon de la lancer avec une « fronde » évoque la pierre. Fabrice doit ouvrir la balle qui, comparable à l'*œuf philosophique*, contient tout ce qui est nécessaire au Grand Œuvre (ill. 19).

18.1 L'évasion

Après neuf mois d'incarcération, Fabrice quitte sa cellule – le vase hermétique – et il s'évade à l'aide de trois cordes qui rappellent,

---

[435] Ibid., p. 358.
[436] Ibid., p. 362.
[437] Claus Priesner, « Blei », dans : Claus Priesner / Karin Figala (éds.), *Alchemie: Lexikon einer hermetischen Wissenschaft*, op. cit., p. 82.

outre les trois étapes du processus alchimique, le cordon ombilical, l'*aurea catena*[438]. À la fin de sa descente, il atterrit dans les bras de sa mère la lune : Gina. Mercure alias Fabrice renaît ; il est désormais le *Mercure des philosophes*. En tant que tel, Fabrice s'engendre lui-même et incarne l'idée de l'Ouroboros alchimique. Mais pas de naissance sans union. Fabrice renaît comme pierre philosophale de son mariage chimique avec Clélia. La confirmation que ce mariage a effectivement eu lieu nous est livrée par l'observation du gardien de prison Grillo : « [...] mademoiselle Clélia, qui, selon lui, [...] n'en faisait pas moins l'amour, autant que les murs de la prison le permettaient, avec l'aimable monsignore del Dongo[439]. » Et quand Fabrice se retrouve pour la deuxième fois en prison, Clélia s'introduit dans sa cellule en se disant : « Je vais sauver mon mari [...][440] », ce qui indique clairement qu'il y a eu un mariage – un mariage chimique.

L'évasion de la tour Farnèse de Fabrice est décrite avec la même précision que la tour Farnèse. Le lecteur est renvoyé à plusieurs reprises à l'importance considérable de cette descente : Fabrice se sent « poussé comme par une force surnaturelle[441] », et il perçoit cette action comme l'accomplissement d'une « cérémonie[442] ». En outre, il constate son changement intérieur : « Combien je suis différent, se dit-il, du Fabrice léger et libertin qui entra ici il y a neuf mois[443]. » Les gens armés que Gina a rassemblés

---

[438] « En alchimie, la chaîne homérique est la lignée de grands sages, commençant par Hermès Trismégiste, qui relie la terre au ciel. C'est en même temps la chaîne des substances et des divers états chimiques qui apparaissent au cours du processus alchimique. Cf. l'*Aurea catena Homeri* [...]. » (Carl Gustav Jung, *Psychologie et alchimie*, op. cit., p. 149.)

[439] Stendhal, « La Chartreuse de Parme », op. cit., p. 348.

[440] Ibid., p. 437.

[441] Ibid., p. 382.

[442] Ibid.

[443] Ibid.

pour protéger Fabrice de ses poursuivants éventuels sont prêts « à se battre pour quelque chose d'extraordinaire[444]. » Ces exemples montrent clairement qu'il ne s'agit pas d'une « simple » évasion mais d'un acte solennel, presque sacré. La descente de la tour fait référence au processus alchimique et à l'engendrement de la pierre philosophale. L'« obéissance passive », qui désigne à la fois un état (celui de Clélia dans le palais du gouverneur[445]) et un lieu (la cellule de Fabrice), montre qu'un processus s'est produit et que Clélia et Fabrice ne peuvent y échapper. Les mouvements de Fabrice sont mécaniques[446] et se déroulent apparemment d'après des lois fixes. Fabrice incarne l'être absolu, la nature élémentaire et mécanique, à l'instar de la Mignon de Goethe, comme Sabine Brandenburg-Frank l'a montré en analysant sa danse des œufs exécutée devant Wilhelm[447].

Fabrice exécute les trois étapes de l'initiation, auxquelles les trois niveaux de la tour Farnèse et les trois cellules font écho. En même temps, la descente de Fabrice renvoie à son union avec les éléments : l'air, l'eau, le feu et la terre. Les éléments jouent un rôle crucial dans la création de la pierre philosophale et sont présents à travers les points d'attache des trois cordes de Fabrice. Ces cordes relient l'air (la cellule de Fabrice) et la terre (le fossé dans lequel Fabrice tombe à la fin de son évasion). Fabrice se déplace poussé par les vents (le vent est si fort qu'il ne peut marcher qu'avec peine[448]) dans l'eau du fossé. En alchimie, le vent

---

[444] Ibid., p. 384.
[445] Ibid., p. 272.
[446] Ibid., p. 382.
[447] Cf. Sabine Brandenburg-Frank, *Mignon und Meret. Schwellenkinder Goethes und Gottfried von Kellers*, op. cit., p. 77.
[448] « La duchesse lui avait écrit qu'il serait surpris par le grand air, et qu'à peine hors de sa prison il se trouverait dans l'impossibilité de marcher […]. » (Stendhal, « La Chartreuse de Parme », op. cit., p. 380.)

est essentiel à la formation de la pierre philosophale comme le montre notamment un emblème de *L'Atalanta Fugiens* (1617) de Michael Maier. Cet emblème représente une personnification du vent qui porte la pierre philosophale (l'enfant) dans son ventre (ill. 20). Et dans la *Table d'Émeraude*, nous lisons : « Le vent l'a porté dans son ventre[449]. » Par vent, on comprend en alchimie ce qui s'élève dans l'alambic pendant le processus d'échauffement[450]. Souvenons-nous également des rafales de vents lors de la chute de Gina et de Fabrice dans le lac de Côme.

Fabrice attache la première corde à son lit, la deuxième « à une ouverture pratiquée dans le parapet pour l'écoulement des eaux [...][451] » et la dernière à un vieux canon. Le lit est le lieu par excellence qui symbolise à la fois la vie et la mort. L'attache de la première corde fait donc allusion au cycle de la vie et cela d'autant plus que la fin de la descente de Fabrice ressemble à une naissance. La deuxième corde, fixée à l'« ouverture pratiquée [...] pour l'écoulement des eaux », fait référence à l'eau et la troisième, attachée à un vieux canon, au feu. Le canon fait en outre écho à la bataille de Waterloo. N'oublions pas qu'après sa fuite circule à Parme un sonnet sublime attribué à Ferrante Palla et qui porte sur Fabrice se remémorant, tout au long de sa descente de la tour, les différentes phases de sa vie :

Le surlendemain soir, tout Parme répétait un sonnet sublime. C'était le monologue de Fabrice se laissant glisser le long de la corde, et jugeant les divers incidents de sa vie[452].

---

[449] Cité par Christian Montésinos, *Dictionnaire raisonné de l'alchimie et des alchimistes*, op. cit., p. 420.
[450] « [...] das Aufsteigende beim Erhitzungsvorgang im Destillierkolben [...]. » (Diethelm Brüggemann, *Kleist. Die Magie*, op. cit., p. 231).
[451] Stendhal, « La Chartreuse de Parme », op. cit., p. 382.
[452] Ibid., p. 397.

La descente reflète véritablement les étapes de la vie de Fabrice et souligne l'idée du cycle : le lit de la mort dans la cellule, le processus de réflexion et d'illumination, le feu des canons à Waterloo et la (re)naissance dans les bras de Gina, laquelle était déjà présente lors de sa première naissance. En alchimie, le lit a une autre signification que celle de symboliser le cycle de la vie, à savoir celle de l'*œuf philosophique*[453]. Les deux autres cordes, comme nous l'avons vu, sont liées à l'eau (« une ouverture pratiquée dans le parapet pour l'écoulement des eaux[454] ») et au feu – « une pièce de canon[455] » – c'est-à-dire à l'élément féminin et l'élément masculin ; ce dernier est encore souligné par le renvoi au canon.

Voyons maintenant les trois étapes du Grand Œuvre, également présentes dans la description de la fuite de Fabrice. Avant que Fabrice ne commence sa descente, il fait « un signe de croix[456] ». Nous avons déjà renvoyé au fait que la croix en alchimie symbolise le creuset dans lequel la pierre philosophale est générée. Le point de départ de la fuite est le chaos – « le désordre[457] ». L'évasion a lieu à minuit. Le chaos et la nuit renvoient à l'*Œuvre au noir*, de même que les vêtements noirs de Clélia. Avec une petite lampe – une petite flamme – elle met le processus d'évasion en marche :

> *[…] si dimanche, vers le soir, vous me voyez entièrement vêtue de noir, à la fenêtre accoutumée, ce sera le signal que la nuit suivante tout sera disposé […]. Après onze heures, peut-être*

---

[453] Albert Poisson, *Théories & symboles des alchimistes*, op. cit., p. 154.
[454] Stendhal, « La Chartreuse de Parme », op. cit., p. 382.
[455] Ibid., p. 383.
[456] Ibid., p. 381.
[457] Ibid., p. 379.

seulement à minuit ou une heure, une petite lampe paraîtra à ma fenêtre, ce sera l'instant décisif [...][458].

Par ailleurs, le narrateur évoque des « brouillards épais et blancs[459] » qui annoncent la deuxième étape, comme le font aussi les cordes utilisées par Fabrice :

Tu auras trois cordes en soie et en chanvre, de la grosseur d'une plume de cygne, la première de quatre-vingts pieds pour descendre les trente-cinq pieds qu'il y a de ta fenêtre au bois d'orangers [...][460].

La « plume de cygne » et « les brouillards épais et blancs » font référence à la deuxième étape du Grand Œuvre, l'*Œuvre au blanc*. Le cygne est un symbole alchimique courant puisqu'il rappelle par son long cou le col de l'alambic dans lequel la pierre philosophale est produite. D'autre part, le cygne symbolise par sa couleur blanche la pureté et la purification de l'adepte de même qu'il renvoie à l'union de l'air et de l'eau[461]. La troisième étape, l'*Œuvre au rouge*, est symbolisée par les orangers du palais du gouverneur[462] et par l'évocation des mains en sang de Fabrice. Par sa couleur, le sang rappelle l'*Œuvre au rouge*, de même qu'il le

---

[458] Ibid., p. 378.
[459] Ibid., p. 381.
[460] Ibid., p. 352.
[461] Cf. Christian Montésinos, *Dictionnaire raisonné de l'alchimie et des alchimistes*, op. cit., p. 139.
[462] Lors de son analyse des métamorphoses alchimiques de Mignon dans *Les Années d'apprentissage*, Sabine Brandenburg-Frank renvoie à la chanson d'Italie. Elle voit l'évocation du feu dans le vers « Dans le feuillage obscur flambe l'orange d'or ». (Sabine Brandenburg-Frank, *Mignon und Meret. Schwellenkinder Goethes und Gottfried von Kellers*, op. cit., p. 112.)

fait par l'allusion à la naissance. Après être tombé rudement dans le fossé, Fabrice essaie de s'orienter : « [...] il [...] cherchait à se reconnaître [...]"[463].» L'expression « se reconnaître » peut être lue ici à la lettre : après son évasion, Fabrice est un autre, il est un nouveau-né. Avec sa chute dans le fossé, le point de départ est atteint et la boucle est bouclée : on en revient à la première étape, l'*Œuvre au noir* – le chaos et la *prima materia* –, symbolisée par la boue dans laquelle Fabrice tombe à la fin de sa descente, le « fossé bourbeux où il pouvait y avoir un pied d'eau[464]. »

L'acacia dans lequel Fabrice tombe après être descendu par la deuxième corde n'est pas non plus anodin ; cet arbre représente en effet en alchimie le Grand Œuvre :

> *C'est en alchimie l'arbre représentant l'œuvre tout entier. Celui qui a réalisé les trois parties de l'œuvre, voit enfin l'acacia de la navigation (Noé), l'acacia du passage du creuset (la croix du Christ) et enfin la royauté (la couronne d'épine)*[465].

Avant la chute de Fabrice dans l'acacia, il est question d'oiseaux : « Il fut touché par plusieurs oiseaux assez gros qu'il réveillait et qui se jetaient sur lui en s'envolant[466]. » Le sursaut des oiseaux figure le processus de la sublimation, « le passage à l'état „ sublime " »[467] ; ils symbolisent la volatilisation et l'ennoblissement[468] ainsi que la séparation de l'âme et du corps. Les oiseaux représentent l'esprit

---

[463] Stendhal, « La Chartreuse de Parme », op. cit., p. 383.
[464] Ibid.
[465] Christian Montésinos, *Dictionnaire raisonné de l'alchimie et des alchimistes*, op. cit., p. 40.
[466] Stendhal, « La Chartreuse de Parme », op. cit., p. 383.
[467] Christian Montésinos, *Dictionnaire raisonné de l'alchimie et des alchimistes*, op. cit., p. 408.
[468] Cf. Helmut Gebelein, *Alchemie*, op. cit., p. 48.

qui se libère de la matière[469]. C'est la raison pour laquelle en alchimie l'esprit de Mercure (le *Mercure des philosophes*) est souvent représenté avec des ailes (ill. 31), représentation que nous retrouvons dans le sonnet qui décrit Fabrice lors de son évasion de la tour Farnèse :

> *[...] un sonnet assez médiocre qui célébrait cette fuite comme une des belles actions du siècle, et comparait Fabrice à un ange arrivant sur la terre les ailes étendues*[470].

Nous trouvons ici un nouveau parallèle avec la figure de Mignon de Goethe, qui apparaît à la fin du roman *Les Années d'apprentissage de Wilhelm Meister* également sous les traits d'un ange :

> *J'avais choisi Mignon pour remplir ce rôle et, au jour indiqué, on la revêtit en conséquence d'une longue et légère robe blanche ; la ceinture d'or autour de la poitrine, le diadème, d'or aussi, dans les cheveux, rien ne manquait. J'avais pensé d'abord renoncer aux ailes, mais les femmes qui l'habillaient en avaient préparé de grandes et dorées, dont elles tenaient à la parer, pour manifester ainsi tout leur talent. Ainsi vêtue, un lis blanc dans une main, une petite corbeille dans l'autre, la merveilleuse apparition s'avança au milieu des jeunes filles*

---

[469] « Auffliegende Vögel sind in der Alchemie [...] stets Symbole für das im Glas „Aufsteigende", worunter Geist oder Geistiges verstanden wurde. In der *Putrefactio* trennt sich das Körperliche – das abstirbt – vom Geistigen, das sich einen neuen, einen sublimen Körper schafft und sich zu neuer Form vereinigt im Lapis. Die Vögel in diesem Emblem allegorisieren somit das sich aus der Materie befreiende Geistige [...]. » (Diethelm Brüggemann, *Kleist. Die Magie*, op. cit., p. 324.)

[470] Stendhal, « La Chartreuse de Parme », op. cit., p. 397.

et me laissa moi-même toute stupéfaite. « Voici l'ange ! » leur dis-je[471].

Ich hatte mir Mignon zu dieser Rolle ausgesucht, und sie ward an dem bestimmten Tage in ein langes, leichtes, weißes Gewand anständig gekleidet. Es fehlte nicht an einem goldenen Gürtel um die Brust, und an einem gleichen Diadem in den Haaren. Anfangs wollte ich die Flügel weglassen, doch bestanden die Frauenzimmer, die sie anputzten, auf ein Paar große goldene Schwingen, an denen sie recht ihre Kunst zeigen wollten. So trat, mit einer Lilie in der einen Hand, und mit einem Körbchen in der andern, die wundersame Erscheinung in die Mitte der Mädchen, und überraschte mich selbst. Da kommt der Engel! sagte ich[472].

Dans *La Chartreuse de Parme*, la pierre philosophale naît de l'union de l'élément masculin (le soleil, le feu) et de l'élément féminin (la lune, l'eau), symbolisée par la naissance d'un enfant. C'est pourquoi Fabrice quitte après neuf mois sa cellule, descend par un cordon (ombilical) et tombe dans les bras de sa mère Gina, alias Diane, alias Luna.

La pierre est elle-même explicitement nommée dans le texte. De manière révélatrice, Fabrice descend justement à l'endroit où une « pierre neuve » a été placée au niveau de la balustrade[473].

---

[471] Johann Wolfgang Goethe, « Wilhelm Meister. Les Années d'apprentissage », op. cit., p. 849.

[472] Johann Wolfgang Goethe, « Wilhelm Meisters Lehrjahre », op. cit., pp. 516-517.

[473] Stendhal, « La Chartreuse de Parme », op. cit., p. 353.

Cette pierre neuve est mentionnée trois fois dans le texte[474] ; on l'avait placée là « il y a deux ou *trois* ans[475] ».

18.2 L'inceste

En alchimie, le mariage chimique est illustré par l'union des corps d'un couple (ill. 21). Pendant le deuxième séjour de Fabrice dans la prison de la tour Farnèse, le narrateur fait allusion à l'union charnelle de Fabrice et de Clélia : « Elle était si belle, à demi vêtue et dans cet état d'extrême passion, que Fabrice ne put résister à un mouvement presque involontaire. Aucune résistance ne fut opposée[476]. » Mais nous savons que l'union symbolique de Clélia et de Fabrice a déjà eu lieu lors de son premier séjour dans la tour Farnèse et que c'est Fabrice qui naît après neuf mois de cette union. Force est de constater que Fabrice et Clélia sont exposés à des forces surnaturelles auxquelles ils ne peuvent résister : « Clélia, en ce moment, était animée d'une force surnaturelle, elle était hors d'elle-même[477]. »

Mais Fabrice ne s'unit pas seulement à Clélia - l'être aimé - dans la tour Farnèse, il s'unit également à sa sœur - la *soror mystica* de l'alchimie. Comme nous l'avons déjà dit, Clélia qualifie sa relation avec Fabrice de fraternelle[478]. L'union des frères et sœurs trouve son origine dans le mythe d'Isis et d'Osiris dont il vient d'être question. La thématique de l'inceste est très présente dans

---

[474] Ibid. (deux occurrences p. 353) ; p. 357.
[475] Ibid., p. 353. Nous soulignons.
[476] Ibid., p. 437.
[477] Ibid.
[478] « […] je serai heureuse dans les bornes d'une amitié de sœur si je puis contribuer à vous sauver. » (Ibid., p. 358.)

les traités alchimiques. Il peut s'agir aussi bien d'une union fraternelle que de l'union d'une mère avec son fils :

> *Cet accouplement endogame n'est rien d'autre qu'une variante de l'idée de l'Ouroboros qui, comme il est de nature hermaphrodite, ferme le cercle par lui-même*[479].

Fabrice tente de s'unir avec lui-même. Ainsi, l'attirance qu'il éprouve pour la jeune actrice Marietta Valserra vient avant tout du fait qu'elle porte son nom : « Il demanda comment elle s'appelait, on lui dit : *Marietta Valserra*. Ah ! pensa-t-il, elle a pris mon nom, c'est singulier […][480]. » Les parallèles avec l'œuvre de Goethe sont frappants. Ainsi, Wilhelm Meister reconnaît les initiales de son nom sur un cadeau de la duchesse :

> *Il regardait fixement le bracelet qui, à son extrême surprise, portait les initiales de ses propres noms gravées en brillants. […] – Mon nom est écrit là, par le plus singulier des hasards, s'écria-t-il en désignant le bracelet. – Comment ? dit la comtesse, c'est le chiffre d'une de mes amies. – Ce sont mes initiales*[481].

> *Er sah unverwandt auf das Armschloß, das, zu seiner größten Verwunderung, die Anfangsbuchstaben seiner Namen in brillantenen Zügen sehen ließ. […] Hier steht mein Name, rief er aus: durch den sonderbarsten Zufall! Er zeigte auf das Armschloß.*

---

[479] Carl Gustav Jung, *Psychologie et alchimie*, op. cit., p. 525.
[480] Stendhal, « La Chartreuse de Parme », op. cit., p. 160.
[481] Johann Wolfgang Goethe, « Wilhelm Meister. Les Années d'apprentissage », op. cit., p. 550.

Wie? rief die Gräfin: es ist die Chiffer einer Freundin! Es sind die Anfangsbuchstaben meines Namens[482].

Nous retrouvons le même phénomène dans le roman *Les Affinités électives*, dont il faut avoir, selon Hans-Werner Schütt, une lecture alchimique et non chimique[483]. Le verre qu'on avait fabriqué pour Édouard quand il était jeune et qui porte ses initiales, E et O, renvoie aux initiales d'Édouard et d'Ottilie. Et dans le chapitre IV, où il est question des affinités électives, le capitaine fait implicitement allusion au cycle éternel, à l'Ouroboros, au serpent qui se mange et se recrée lui-même :

Il faut voir agir devant ses yeux ces êtres, qui semblent morts et qui cependant sont toujours intérieurement prêts à l'activité ; il faut regarder avec sympathie comment ils se cherchent l'un l'autre, s'attirent, se saisissent, se détruisent, s'absorbent, se dévorent, puis, après s'être intimement unis, se manifestent à nouveau sous une forme renouvelée, nouvelle, inattendue : alors seulement on leur attribue une vie éternelle [...][484].

Man muß diese totscheinenden und doch zur Tätigkeit innerlich immer bereiten Wesen wirkend vor seinen Augen sehen, mit Teilnahme schauen, wie sie einander suchen, sich anziehen, ergreifen, zerstören, verschlingen, aufzehren und sodann aus der innigsten Verbindung wieder in erneuter, neuer, unerwarteter Gestalt hervortreten: dann traut man ihnen erst ein ewiges Leben [...] zu [...][485].

---

[482] Johann Wolfgang Goethe, « Wilhelm Meisters Lehrjahre », op. cit., p. 199.
[483] Hans-Werner Schütt, *Auf der Suche nach dem Stein der Weisen*, op. cit., p. 507.
[484] Johann Wolfgang Goethe, « Les Affinités électives », op. cit., p. 157.
[485] Johann Wolfgang Goethe, « Die Wahlverwandtschaften », op. cit., p. 319.

Notons que chez Goethe, il s'agit souvent d'une liaison endogame, comme le souligne Ronald Douglas Gray[486].

Dans *La Chartreuse de Parme*, nous apprenons de la tour Farnèse qu'elle fut bâtie à cause d'une liaison incestueuse entre une mère et son beau-fils[487]. L'amour que Gina éprouve pour Fabrice évoque lui aussi l'inceste. Ainsi, Fabrice dit-il de Gina : « Je suis bien sûr qu'elle ne parlera jamais, elle aurait horreur d'un mot trop significatif comme d'un inceste[488]. » Et de plus, Fabrice n'est-il pas symboliquement l'enfant de la sœur de son père ? Un fait souligné par Durand :

Gina, sœur du marquis Del Dongo, n'est-elle pas d'ailleurs affectivement elle aussi, dès ce chapitre premier, un redoublement de la vraie mère ? [...], elle, qui dira en des circonstances tragiques : « je suis entraînée par les craintes folles d'une âme de mère » [...][489].

---

[486] « Similarly, one of the themes of the whole novel [*Wilhelm Meisters Wanderjahre*] is the love of Hersilie both for Wilhelm Meister himself and for his son Felix. As Hersilie remarks: 'There we go again – the father and the son'! [...] The theme is given another turn in *Die Wahlverwandtschaften*, for Ottilie, whom Eduard loves, is his adopted daughter, as well as his niece, and when he takes into his own custody the portrait of her father which she wears round her neck he seems to be half-consciously aware of the double nature of his affection for her. Mignon, too, in her song, calls Wilhelm 'Father' and 'Beloved', and her own parents, the Harper and Sperata, were brother and sister. » (Ronald Douglas Gray, *Goethe the alchemist. A study of alchemical symbolism in Goethe's literary and scientific works*, op. cit., p. 244.)

[487] Stendhal, « La Chartreuse de Parme », op. cit., p. 308.

[488] Ibid., p. 158.

[489] Gilbert Durand, *Le décor mythique de la Chartreuse de Parme*, op. cit., p. 41.

Dans *Les Années d'apprentissage de Wilhelm Meister*, c'est Mignon qui naît de l'amour fraternel[490] et, dans le langage alchimique, Mignon est un *rebis*, un hermaphrodite, ce qui est évoqué dès la première rencontre de Wilhelm et de Mignon :

> *Tout songeur, à la suite de cette aventure, il montait l'escalier conduisant à sa chambre, lorsqu'une jeune créature bondit sur son passage et retint son attention. Une petite veste de soie, très courte, avec des manches découpées à l'espagnole, un pantalon collant et allongé, orné de bouffants, composaient un costume qui lui allait à ravir. De longs cheveux noirs, bouclés et tressés, s'enroulaient en frisant autour de sa tête. Il regarda l'enfant avec surprise, sans trop savoir si c'était un garçon ou une fillette*[491].

> *Nachdenkend über dieses artige Abenteuer ging er [Wilhelm] nach seinem Zimmer die Treppe hinauf, als ein junges Geschöpf ihm entgegen sprang, das seine Aufmerksamkeit auf sich zog. Ein kurzes seidnes Westchen mit geschlitzten spanischen Ärmeln, knappe, lange Beinkleider mit Puffen standen dem Kinde gar artig. Lange schwarze Haare waren in Locken und Zöpfen um den Kopf gekräuselt und gewunden. Er sah die Gestalt mit Verwunderung an, und konnte nicht mit sich einig werden, ob er sie für einen Knaben oder für ein Mädchen erklären sollte*[492].

---

[490] Cf. Johann Wolfgang Goethe, « Wilhelm Meisters Lehrjahre », op. cit., pp. 582-583.
[491] Johann Wolfgang Goethe, « Wilhelm Meister. Les Années d'apprentissage », op. cit., pp. 446-447.
[492] Johann Wolfgang Goethe, « Wilhelm Meisters Lehrjahre », op. cit., p. 90.

Ronald Douglas Gray souligne que Goethe laissa tout d'abord le sexe de Mignon indéterminé et qu'elle est encore appelée la « fille-garçon » dans *Les Années de voyage de Wilhelm Meister*[493]. Voyons les parallèles entre les deux romans de plus près. La séparation de l'âme et du corps réalisée par le mariage chimique se manifeste dans *La Chartreuse de Parme* par une maigreur progressive de Fabrice. Son corps semble disparaître. Gina constate ce changement corporel :

> *Il alla voir sa tante, et ne put retenir ses larmes en l'embrassant. Elle le trouva tellement changé, ses yeux, encore agrandis par l'extrême maigreur, avaient tellement l'air de lui sortir de la tête, et lui-même avait une apparence tellement chétive et malheureuse, avec son petit habit noir et râpé de simple prêtre, qu'à ce premier abord la duchesse, elle aussi, ne put retenir ses larmes [...]*[494].

Il en va de même pour Mignon dans *Les Années d'apprentissage de Wilhelm Meister* : « Ce n'est qu'en s'en allant qu'il remarqua qu'elle était beaucoup plus pâle et maigre que lorsqu'il l'avait quittée[495]. » (« Er bemerkte erst zuletzt, daß sie viel blässer und magerer geworden war, als er sie verlassen hatte[496]. ») Outre cette apparence altérée par la maigreur, Fabrice et Mignon ont un autre point commun. Tous deux sont liés à l'eau : Fabrice au lac de

---

[493] Cf. Ronald Douglas Gray, *Goethe the alchemist. A study of alchemical symbolism in Goethe's literary and scientific works*, op. cit., p. 224.

[494] Stendhal, « La Chartreuse de Parme », op. cit., p. 457. Cf. également la perception de Clélia de Fabrice : « [...] elle ne voyait Fabrice qu'en profil, mais elle le trouva tellement maigri [...] Fabrice était tout à fait changé [...]. » (Ibid., p. 463.)

[495] Johann Wolfgang Goethe, « Wilhelm Meister. Les Années d'apprentissage », op. cit., p. 810.

[496] Johann Wolfgang Goethe, « Wilhelm Meisters Lehrjahre », op. cit., p. 475.

Côme, Mignon au lac Majeur. Ils se caractérisent par un processus semblable de dissolution. Sabine Brandenburg-Frank a démontré de façon convaincante que la transition de Mignon d'un être élémentaire à un être éthéré s'accomplit par le processus alchimique de la *solutio*, qui se manifeste dans le texte par une Mignon qui fond littéralement en larmes[497]. Ainsi, nous lisons chez Goethe :

Subitement, elle parut se raidir comme se raidit un corps arrivé au paroxysme de la souffrance, et bientôt, animés d'une vigueur nouvelle, ses membres retrouvèrent leur vivacité et, avec la soudaineté d'un ressort qui se détend, elle se jeta à son cou, tandis que, tout au fond d'elle-même, s'ouvrait une grande déchirure, et un flot de larmes s'échappa de ses paupières closes, sur la poitrine de Wilhelm. Il la soutenait toujours. Elle pleurait et aucune langue du monde ne saurait exprimer la violence de ces larmes. Ses longs cheveux s'étaient défaits et se répandaient sur ses épaules, son être tout entier semblait se fondre et s'écrouler inépuisablement dans ce torrent de larmes. Ses membres roidis reprenaient leur souplesse, son cœur s'épanchait et, dans le trouble du moment, Wilhelm craignait qu'elle ne fondît dans ses bras et qu'il ne restât plus rien de la pauvre créature[498].

Auf einmal schien sie wieder angespannt, wie eins, das den höchsten körperlichen Schmerz erträgt; und bald mit einer neuen Heftigkeit wurden alle ihre Glieder wieder lebendig, und sie warf sich ihm, wie ein Ressort, das zuschlägt, um den Hals, indem in ihrem Innersten wie ein gewaltiger Riß

---

[497] Sabine Brandenburg-Frank, *Mignon und Meret. Schwellenkinder Goethes und Gottfried von Kellers*, op. cit., p. 113.

[498] Johann Wolfgang Goethe, « Wilhelm Meister. Les Années d'apprentissage », op. cit., p. 497.

geschah, und in dem Augenblicke floß ein Strom von Tränen aus ihren geschlossenen Augen in seinen Busen. Er hielt sie fest. Sie weinte, und keine Zunge spricht die Gewalt dieser Tränen aus. Ihre langen Haare waren aufgegangen, und hingen von der Weinenden nieder, und ihr ganzes Wesen schien in einen Bach von Tränen unaufhaltsam dahin zu schmelzen. Ihre starren Glieder wurden gelinde, es ergoß sich ihr Innerstes, und in der Verirrung des Augenblickes fürchtete Wilhelm, sie werde in seinen Armen zerschmelzen, und er nichts von ihr übrig behalten[499].

Un processus semblable de dissolution s'accomplit dans *La Chartreuse de Parme*. Après sa fuite de la tour Farnèse, Fabrice fond ainsi en larmes à la vue de Clélia lors d'une soirée donnée par le prince :

En effet, Fabrice pleura à chaudes larmes pendant plus d'une demi-heure. [...] madame P*** chanta de nouveau, et l'âme de Fabrice, soulagée par les larmes, arriva à un état de repos parfait[500].

Une autre dissolution survient lors du sermon de Fabrice. En apercevant Clélia, il se laisse à nouveau submerger par les larmes :

Fabrice parut dans la chaire ; il était si maigre, si pâle, tellement consumé, *que les yeux de Clélia se remplirent de larmes à l'instant. [...] Bientôt les pensées lui arrivèrent en foule. En ayant l'air de s'adresser au public, il ne parlait qu'à la marquise. Il termina son discours un peu plus tôt que de coutume, parce que, quoi qu'il pût faire, les larmes le gagnaient à un tel*

---

[499] Johann Wolfgang Goethe, « Wilhelm Meisters Lehrjahre », op. cit., p. 141.
[500] Stendhal, « La Chartreuse de Parme », op. cit., p. 461.

*point qu'il ne pouvait plus prononcer d'une manière intelligible*⁵⁰¹.

Cet état d'« être consumé » rappelle la remarque de l'abbé dans *Les Années d'apprentissage de Wilhelm Meister*, lorsqu'il dit que l'amour de Mignon pour Wilhelm était « [...] la flamme qui consuma l'huile de sa vie [...]»⁵⁰². » (« [...] die Flamme [...], die das Öl ihres Lebens aufzehrte [...]⁵⁰³. »)

18.3 La pierre philosophale

L'objet de *La Chartreuse de Parme* est la formation de la pierre philosophale. Gina porte la pierre – « la pietra » – dès le début du roman dans son nom (Pietranera) ; Fabrice quant à lui l'élabore tout au long du roman. Lors de sa première rencontre avec Clélia déjà, il est question de la pierre : Gina fait passer Fabrice pour son fils, Ascagne Pietranera⁵⁰⁴. Et si nous voulons bien voir dans le nom Del Dongo (di+IL DONGO) une anagramme de *Gold*oni⁵⁰⁵, nous pouvons alors affirmer que Fabrice porte dès sa naissance l'or dans son nom. Cela n'a rien de surprenant car il est le fruit de l'union de la lumière (apportée par Napoléon) – « l'on se trouva inondé de lumière⁵⁰⁶ » – et des ténèbres (dans lesquels l'Italie était plongée avant l'invasion de Napoléon). De plus, il est le fils de

---

⁵⁰¹ Ibid., pp. 486-487.
⁵⁰² Johann Wolfgang Goethe, « Wilhelm Meister. Les Années d'apprentissage », op. cit., p. 906.
⁵⁰³ Johann Wolfgang Goethe, « Wilhelm Meisters Lehrjahre », op. cit., p. 577.
⁵⁰⁴ Stendhal, « La Chartreuse de Parme », op. cit., p. 100.
⁵⁰⁵ Lydia Bauer, *Ein italienischer Maskenball. Stendhals « Chartreuse de Parme » und die commedia dell'arte*, op. cit., pp. 204-205.
⁵⁰⁶ Stendhal, « La Chartreuse de Parme », op. cit., p. 26.

Mercure alias le lieutenant Robert. Et en tant que *Mercure des philosophes,* il renaît après son évasion de la tour Farnèse. À la fin du roman, la jeune bourgeoise Anetta Marini, éprise de Fabrice, fait peindre son portrait : vêtu de noir, il est représenté dans le « plus beau cadre que l'on eût doré à Parme depuis vingt ans[507] ». Le noir et la couleur dorée évoquent le début (l'*Œuvre au noir*) et la fin (l'*Œuvre au rouge*) du Grand Œuvre qui se trouvent ainsi symbolisés dans ce portrait.

La châtaigne nous livre une nouvelle référence à la pierre philosophale. La marquise del Dongo a planté de ses propres mains un marronnier lors de la naissance de Fabrice. Fabrice ira voir cet arbre à deux reprises au cours du récit. L'état de l'arbre lui indique son avenir. Mais le marronnier n'est pas seulement son arbre, Fabrice *est* le marronnier[508]. Pour corroborer cette hypothèse, nous pouvons mentionner les éléments suivants : les cheveux de Fabrice sont châtains[509], et il se cache dans « le tronc creux d'un énorme châtaignier[510] » ou encore dans « la baraque en bois d'un marchand de marrons[511] ». L'arbre en général signifie en alchimie aussi bien le Grand Œuvre que le Mercure. Ainsi, nous lisons chez Dom Antoine-Joseph Pernety :

ARBRE est aussi le nom que les Philosophes ont donné à la matière de la pierre philosophale, parce qu'elle est végétative. Le **grand** *arbre des Philosophes, c'est leur mercure, leur teinture,*

---

[507] Ibid., p. 478.

[508] En ce qui concerne le rapport entre les personnes et les arbres dans l'œuvre de Stendhal, cf. Robert Chessex, « Dans la peau de l'arbre. Quelques aspects du rôle psychologique des arbres dans l'œuvre de Stendhal », dans : *Stendhal Club,* n°99, avril 1983, pp. 356-366.

[509] Stendhal, « La Chartreuse de Parme », op. cit., p. 64.

[510] Ibid., p. 181.

[511] Ibid., p. 416.

leur principe, & leur racine ; quelquefois c'est l'ouvrage de la pierre[512].

Carl Gustav Jung renvoie également au rapport entre l'arbre et le Mercure ; d'après lui, l'arbre symbolise le processus de transformation et donc le cours de la vie[513].
La châtaigne est en alchimie un des symboles de la pierre philosophale – la pierre rouge nichée dans la coque ronde de la châtaigne[514]. Comme le marronnier de Fabrice enfante le fruit, Fabrice produit la pierre philosophale. L'union de la lumière et des ténèbres trouve finalement son accomplissement dans le fils de Fabrice : Sandrino. À l'image de Charlotte qui, dans *Les Affinités électives* de Goethe, engendre la pierre philosophale sous les traits d'un enfant prénommé Otto[515], c'est, dans *La Chartreuse de Parme*, l'être éthéré Clélia qui donne la vie à Sandrino. Sandrino est le *filius philosophorum*. Il incarne le *rebis*, l'hermaphrodite, dans lequel Fabrice retrouve Clélia : « Le petit nombre de fois que

---

[512] Dom Antoine-Joseph Pernety, *Dictionnaire mytho-hermétique*, op. cit., p. 40.

[513] « Insofern der Baum das opus und den Wandlungsprozeß „moralisch und physisch" (tam ethice quam physice) symbolisiert, ist es auch klar, daß er den *Lebensprozeß* überhaupt meint. Seine Identität mit Mercurius, dem spiritus vegetativus, bestätigt diese Auffassung. » (Carl Gustav Jung, « Der philososphische Baum », dans : *Gesammelte Werke*, Lilly Jung-Merker, Dr. phil. Elisabeth Rüf (éds.), Band 13, *Studien über alchimistische Vorstellungen*, Olten, Walter-Verlag, 31988, p. 365.)

[514] Un relief de pierre de l'hôtel Lallemant de Bourges nous montre par exemple un bras enflammé, associé à des châtaignes (Fulcanelli, *Le mystère des cathédrales et l'interprétation ésotérique des symboles hermétiques du Grand-Œuvre*, op. cit., p. 134.)

[515] Waltraud Wiethölter, « Legenden. Zur Mythologie von Goethes *Wahlverwandtschaften* », op. cit., p. 47.

je le vois, je songe à sa mère, dont il me rappelle la beauté céleste [...][516]. »

Comme nous venons de le voir, un être androgyne apparaît également dans *Les Années d'apprentissage de Wilhelm Meister* en la personne de Mignon. Goethe a déclaré le 29 mai 1814 au chancelier Friedrich von Müller qu'il a écrit tout le roman à cause de Mignon[517]. De même, Stendhal a écrit à Balzac qu'il avait entrepris l'écriture de *La Chartreuse de Parme* « [...] ayant en vue la mort de Sandrino [...][518]. » En outre, Stendhal admet dans son Journal le 12 août 1810 qu'il s'est mis à écrire grâce aux *Années d'apprentissage* :

> *J'ai joui ensuite avec Goethe, near to my soul. J'ai fini* Les Années d'apprentissage de Wilhelm Meister *; ces idées m'avaient rendu fou, et c'est dans cette disposition que j'ai commencé à écrire*[519].

Comme Mignon à la fin du roman de Goethe, Sandrino meurt dans *La Chartreuse de Parme*, d'abord symboliquement et enfin, réellement.

---

[516] Stendhal, « La Chartreuse de Parme », op. cit., p. 490.
[517] Sabine Brandenburg-Frank, *Mignon und Meret. Schwellenkinder Goethes und Gottfried von Kellers*, op. cit., p. 9.
[518] Lettre de Stendhal à Honoré de Balzac, le 16 octobre 1840 (Stendhal, *Correspondance générale*, t. VI, op. cit., p. 405.)
[519] Stendhal, *Œuvres Intimes*, t. I, édition établie par Victor Del Litto, Paris, Éditions Gallimard, Bibliothèque de la Pléiade, 1981, p. 619.

18.4 Le jardin des Hespérides

Clélia reçoit Fabrice la nuit dans l'orangerie du palais Crescenzi. Les orangers sont mentionnés plusieurs fois dans le roman : on en trouve dans la cour intérieure du château du marquis del Dongo, ils ornent le jardin du prince et Clélia en fait placer devant la tour Farnèse où Fabrice est enfermé. Comme nous l'avons déjà remarqué, la première étape de l'évasion de Fabrice le conduit à ces orangers. En outre, l'abbé Blanès se sert pour son planisphère d'un ancien vase d'oranger. À propos du motif de l'orange dans *La Chartreuse de Parme*, Michael Nerlich renvoie au début du roman de Jean de La Fontaine *Les Amours de Psyché et de Cupidon* qui établit un lien entre les oranges et les fruits du jardin des Hespérides[520] : « Vos fruits aux écorces solides / Sont un véritable trésor ;/ Et le jardin des Hespérides/ N'avait point d'autres pommes d'or[521]. »

L'orange peut donc être interprétée comme le fruit doré des jardins des Hespérides[522]. Les alchimistes utilisaient l'image de ces *pommes dorées* du jardin pour les comparer au Grand Œuvre :

HESPÉRIDES, filles fabuleuses, que les Poëtes ont feint avoir un jardin, dans lequel croissaient des pommes d'or. Ce jardin, selon l'explication des Philosophes Spagyriques, c'est le symbole de l'Alchymie, par les opérations de laquelle on fait germer,

---

[520] Michael Nerlich, « *La Chartreuse* est-elle „ le Prince moderne " ? Sur l'unité retrouvée du texte stendhalien », dans : Pierre-Louis Rey (éd.), *Stendhal. « La Chartreuse de Parme »*, Paris, Klincksieck, 1996, p. 54.

[521] Jean de la Fontaine, *Les Amours de Psyché et de Cupidon, suivies d'Adonis*, poëme, t. I, Paris, Librairie Théophile Belin, 1899, p. 5.

[522] Cf. aussi Michael Nerlich, *Apollon et Dionysos ou la science incertaine des signes*, op. cit., pp. 306-308 et Jean Bellemin-Noël, « Le motif des orangers dans la *Chartreuse de Parme* », dans : *Littérature*, n°5, 1972, p. 32.

croître, fleurir & fructifier cet arbre solaire dont le fruit surpasse l'or commun en beauté & bonté, puisqu'il convertit les autres métaux en sa propre nature ; ce que ne peut faire l'or vulgaire[523].

En tant qu'« arbre solaire », l'oranger est étroitement lié au soleil, au feu et à l'or, comme l'illustre Mignon lorsqu'elle chante : « Dans le feuillage obscur flambe l'orange d'or [...][524]. » (« Im dunkeln Laub die Gold-Orangen glühn [...][525]. »)

Nous voudrions ici renvoyer à un autre passage, déjà cité, des *Années d'apprentissage de Wilhelm Meister* :

[...] je me trouvai entre le passé et l'avenir, comme dans un bois d'orangers où croissent, dans un espace étroit et dans le même temps, fleurs et fruits aux différents états de leur développement[526].

[...] und so stand ich in der sonderbarsten Gegenwart, zwischen der Vergangenheit und Zukunft, wie in einem Orangenwalde, wo in einem kleinen Bezirk Blüten und Früchte stufenweis neben einander leben[527].

---

[523] Dom Antoine-Joseph Pernety, *Dictionnaire mytho-hermétique*, op. cit., p. 194.
[524] Johann Wolfgang Goethe, Wilhelm Meister. « Les Années d'apprentissage », op. cit., p. 498.
[525] Johann Wolfgang Goethe, « Wilhelm Meisters Lehrjahre », op. cit., p. 142.
[526] Johann Wolfgang Goethe, Wilhelm Meister. « Les Années d'apprentissage », op. cit., p. 807.
[527] Johann Wolfgang Goethe, « Wilhelm Meisters Lehrjahre », op. cit., p. 472.

Ainsi nous pouvons dire que, dans *La Chartreuse de Parme*, la pierre philosophale est née la nuit, dans le jardin philosophique, parmi des arbres solaires.

18.5 Le parallèle entre la pierre philosophale et le Christ

Selon Waltraud Wiethölter, *Les Affinités électives* exigent entre autres une lecture chrétienne[528]. Dans *La Chartreuse de Parme*, nous retrouvons un mélange de symboliques mythologique et chrétienne dont la clé est à notre avis l'alchimie. Ce lien entre symboles chrétiens et alchimiques est également manifeste dans la Chambre de Saint-Paul (notamment en relation avec la chambre voisine, la Chambre d'Araldi). Et nous le retrouvons encore sur les peintures murales du Palais Farnèse de Caprarola. Le Cardinal Alessandro Farnèse a lui-même établi l'existence de cette relation entre idées chrétiennes et alchimiques[529]. Cette relation trouve ses origines dans la Renaissance qui, renouant avec les textes antiques, établit des passerelles entre pensées païenne et chrétienne. C'est également pendant la Renaissance qu'on découvrit le *Corpus Hermeticum* attribué à Hermès Trismégiste et qui contenait la *Table d'Émeraude*. Cet ouvrage comprend une collection de traités magiques, mystiques et philosophiques. Le *Corpus Hermeticum* fut traduit par Marcilio Ficino qui joua un rôle central dans la naissance d'une hermétique chrétienne. L'alchimie reçut par là une certaine justification théologique[530].

---

[528] Waltraud Wiethölter, « Legenden. Zur Mythologie von Goethes *Wahlverwandtschaften* », op. cit., p. 7.
[529] Cf. Paolo Gasbarri, « La Stanza dell'Aurora nel Palazzo Farnese di Caprarola. Un caso di decorazione alchemico-ermetica », op. cit.
[530] Claus Priesner, *Geschichte der Alchemie*, op. cit., pp. 45-47.

Le lien entre histoire du salut chrétien et processus alchimique conduisit à ce que la pierre philosophale, le *filius philosophorum*, fût comparée aussi bien au Christ qu'à Dieu. Au Christ parce que la pierre philosophale a une fonction rédemptrice et à Dieu car la pierre naît de la trinité du corps, de l'esprit et de l'âme[531]. Le *Mercure des philosophes* a ainsi également une fonction chrétienne.

Pour revenir à *La Chartreuse de Parme*, la bataille de Waterloo notamment est fortement empreinte de symbolique chrétienne, ce que Jean Petitot a déjà souligné[532]. Il évoque ainsi la symbolique du chêne entouré de ronces autour duquel le caporal Aubry regroupe sa troupe : « Quant aux ronces, j'y vois un symbole christique non équivoque. Le „ gros chêne " est un *arbre de vie*[533]. » Peu après suit ce que Jean Petitot nomme la « cène » : le partage du pain par le caporal Aubry.

Le chêne est également important pour l'alchimie. Son image est souvent employée pour désigner l'athanor. La pierre philosophale qui est produite dans l'athanor a quant à elle la faculté de « multiplication », illustrée par le partage du pain :

Le Christ alchimique est bien évidemment le « multiplicateur » la Pierre philosophale, le levain, aussi multiplie-t-il les pains et les poissons pour ceux qui sont venus écouter sa parole[534].

---

[531] Concernant l'histoire du salut cf. Hans-Werner Schütt, *Auf der Suche nach dem Stein der Weisen*, op. cit., pp. 429-437.

[532] Jean Petitot, « Waterloo : mythe, scène et décor dans *La Chartreuse de Parme* », op. cit., pp. 252-253.

[533] Ibid., p. 253.

[534] Christian Montésinos, *Dictionnaire raisonné de l'alchimie et des alchimistes*, op. cit., p. 309.

N'oublions pas que Fabrice, chez l'abbé Blanès, passe des soirées entières à faire des « multiplications énormes[535] ». Après la séparation de Fabrice du « bon pasteur[536] » Aubry et de la vivandière, il arrive au « pont de la Sainte » où il rencontre, aux côtés du baron « La Rose », trois cavaliers dans lesquels il voit des « génies enchantés[537] ». Pour finir, dans cet épisode au cours duquel il est blessé, Fabrice est installé dans une étable, sur de la paille fraîche, à côté de son cheval, autant dire : dans une crèche[538].

---

[535] Stendhal, « La Chartreuse de Parme », op. cit., p. 39.
[536] Jean Petitot, « Waterloo : mythe, scène et décor dans La Chartreuse de Parme », op. cit., p. 253.
[537] Stendhal, « La Chartreuse de Parme », op. cit., p. 85.
[538] Cf. Michael Nerlich, *Apollon et Dionysos ou la science incertaine des signes*, op. cit., p. 235.

III. Digression : *Armance ou quelques scènes d'un salon de Paris en 1827*

La Chartreuse de Parme, un roman alchimique ? Nous en avons désormais la certitude et pensons également qu'il ne s'agit pas d'un cas isolé dans l'œuvre de Stendhal. Pour étayer cette théorie, revenons à son premier roman, *Armance*, publié en 1827, roman qu'il a lui-même qualifié de « trop *erudito*, trop savant[1] ». Certains travaux de la recherche stendhalienne attestent du bien-fondé de notre approche alchimique. Ainsi Corrado Rosso a-t-il entrepris une lecture « magique » d'*Armance*[2]. François Yoshitaka Ushida quant à lui parle d'un « roman hermétique à cause des devinettes onomastiques qui refusent de livrer au lecteur de vrais messages chiffrés dans les noms[3]. » Et dans ses *Nouveaux aperçus sur Stendhal et Goethe*, Marguerite Arnautovic a non seulement établi quelques parallèles au niveau de l'histoire entre les *Années d'apprentissage de Wilhelm Meister* de Goethe et *Armance* de Stendhal, mais évoque également « la recherche de la pierre philosophale[4] » d'Octave. Notons ici que les références du roman à l'alchimie sont beaucoup plus nombreuses que le seul fait, évoqué

---

[1] Stendhal, *Œuvres romanesques complètes*, t. I, préface de Philippe Berthier, édition établie par Yves Ansel et Philippe Berthier, Paris, Gallimard, Bibliothèque de la Pléiade, 2005, p. 880.

[2] Corrado Rosso, « *Stendhal, „ Armance ", amulettes et talismans* », dans : Corrado Rosso, *Inventaires et postfaces. Littérature française, civilisation européenne*, Paris, Nizet, 1974, pp. 232-242.

[3] François Yoshitaka Ushida, *L'énigme onomastique et la création romanesque dans « Armance »*, Genève, Librairie Droz, 1987, p. 8.

[4] Marguerite Arnautovic, « Nouveaux aperçus sur Stendhal et Goethe. Stendhal „ détracteur " et débiteur de Goethe », op. cit., p. 97.

par Marguerite Arnautovic, que la mère d'Octave craigne de voir son fils devenir une sorte de Faust. De même, les parallèles entre les œuvres de Goethe et de Stendhal se multiplient. L'évocation du *Faust* de Goethe dans *Armance* a pour fonction de fournir un indice au lecteur attentif, l'invitant à lire le roman à un autre niveau et à en découvrir le sens caché. Comme dans *La Chartreuse de Parme* et d'autres textes de Stendhal, nous sommes ici confrontés à une écriture énigmatique qui donne la part belle au secret. En décrivant l'hôtel Malivert, le narrateur attire ainsi notre attention sur un « jardin solitaire divisé en compartiments bizarres par des bordures de buis[5]. » Il fait en outre porter à Octave un secret qui ne sera jamais révélé, alimente la correspondance d'Octave et d'Armance de lettres échangées en secret et nourrit les notes d'Octave d'abréviations mystérieueses et de caractères grecs :

> *Il écrivit sur un petit mémento caché dans le secret de son bureau : 14 décembre 182*. Agréable effet de deux m. – Redoublement d'amitié. – Envie chez Ar. – Finir. – Je serai plus grand que lui. – Glaces de Saint-Gobain.*
> *Cette amère réflexion était notée en caractères grecs[6].*

Dès le début du roman, nous sommes confrontés aux sciences naturelles et à l'alchimie. Octave sort de l'école Polytechnique ; il est fasciné par la chimie et veut devenir un second Isaac Newton :

> *Mon goût pour la chimie, reprit Octave, n'était pas une passion, c'était un devoir que je m'étais imposé ; et Dieu sait, ajouta-t-il en soupirant, s'il n'eût pas été mieux d'être fidèle à ce dessein*

---

[5] Stendhal, « Armance », dans : *Œuvres romanesques complètes*, t. I, op. cit., p. 92.
[6] Ibid., pp. 103-104.

et de faire de moi un savant retiré du monde, [l'exemplaire Bucci : un imitateur de Newton [...]]⁷ !

Isaac Newton est surtout connu pour ses contributions à la physique et aux mathématiques. Pourtant, Octave l'associe à la chimie. Cela s'explique par le fait que Newton était avant tout alchimiste[8]. Et la mère d'Octave ne craint-elle pas que son fils ne finisse « comme le Faust de Goethe[9] », lequel était également alchimiste ? Dans ce qui suit, nous tenterons de montrer que le rapport d'Octave à l'alchimie ne s'arrête pas là et qu'*Armance*, ce roman énigmatique et érudit, trouve sa clé de compréhension dans une symbolique alchimique. Tout comme dans *La Chartreuse de Parme*, nous sommes confrontés dans *Armance* au Grand Œuvre.

Octave de Malivert est l'adepte ; il est le début et la fin du Grand Œuvre représenté par l'Ouroboros, le *serpent mercuriel*. Revenons à la définition du serpent alchimique :

*Pour pénétrer dans le symbolisme général du serpent, il convient toutefois de comprendre dès le départ que, s'il fait souvent partie des couples d'opposés (comme le serpent et l'oiseau), il est lui-même, à son essence, un couple d'opposés aux dimensions cosmiques qui réunit les valeurs du jour et de la nuit, du bien et du mal, de la vie et de la mort, du masculin et du féminin. Peut-être, à cet égard, est-il d'abord l'ouroboros, le serpent qui se mord la queue de l'alchimie, primordial (*materia prima*) et terminal (matière sublimée dans l'esprit), androgyne et, pour tout dire, à la fois unique et multiple selon l'antique axiome* hen ta panta *: l'Un-toutes-les-choses*[10].

---

7   Ibid., p. 95 et p. 896 pour l'exemplaire Bucci.
8   Cf. Karin Figala, « Newton, Isaac », op. cit., pp. 252-258.
9   Stendhal, « Armance », op. cit., p. 94.
10 Michel Cazenave (dir.), *Encyclopédie des symboles*, op. cit., pp. 622-623.

Nous distanciant ici de François Yoshitaka Ushida qui a vu dans le nom Malivert un « mari-vert[11] », nous prenons le parti d'y voir la combinaison de deux caractéristiques du serpent : « mal y vert ». Rappelons ici la comparaison de Fabrice à un serpent dans *La Chartreuse de Parme*[12]. La couleur verte est la couleur de Mercure. Et elle est non seulement présente dans le nom de famille d'Octave mais aussi dans la décoration du salon de l'hôtel de Malivert :

> *Une tenture de velours vert, surchargée d'ornements dorés, semblait faite exprès pour absorber toute la lumière que pouvaient fournir deux immenses croisées garnies de glaces au lieu de vitres*[13].

Ce passage comporte plusieurs indices d'un symbolisme alchimique. Tout d'abord, les couleurs : le vert, la couleur de Mercure, et l'or qui renvoie à la pierre philosophale. Puis les croisées qui évoquent la croix et donc le creuset des alchimistes. Et finalement, les glaces qui font référence à la multiplication rendue possible par la pierre philosophale.

---

[11] François Yoshitaka Ushida, *L'Énigme onomastique et la Création romanesque dans « Armance »*, op. cit., pp. 16-17.
[12] Cf. chap. 7 dans ce volume.
[13] Stendhal, « Armance », op. cit., p. 92.

1. Octave – le *Mercure des philosophes*

Dès le début du roman, Octave nous est présenté comme « un être à part[14] ». Sa mère « sen[t] en lui quelque chose de surhumain[15] » ; son oncle parle d'une « âme si pure qu'elle en est glacée[16] ». Le seul but d'Octave est de se connaître[17] et de « vivre isolé[18] ».

Nous avons vu que le point de départ du Grand Œuvre est l'*Œuvre au noir*. L'adepte est alors marqué par la mélancolie, ce qui est le cas d'Octave, frappé d'une « profonde mélancolie[19] » et d'une « noire tristesse[20] ». De plus, la mélancolie est évoquée dans l'épigraphe du deuxième chapitre, faussement attribuée à « Marlow [sic][21] ». Octave cherche l'isolement et la solitude. On le prend pour un fou et il s'imagine être un « savant » voyageant sous le nom de Monsieur Lenoir à travers la province[22] ou travaillant en qualité de « […] chimiste attaché à quelque manufacture […][23]. » Le deuxième nom qu'Octave imagine porter est Pierre Gerlat. Le début (le noir = *nigredo*) et la fin de l'Œuvre (la pierre) sont d'ores et déjà présents dans ces deux noms significatifs qui apparaissent au chapitre XV du roman, lequel est introduit par une épigraphe extraite du *Doctor Faustus* de Christopher Marlowe.

---

[14] Ibid., p. 95 ; p. 106.
[15] Ibid., p. 95.
[16] Ibid., p. 90.
[17] Ibid., p. 94.
[18] Ibid.
[19] Ibid., p. 90.
[20] Ibid., p. 114.
[21] Ibid., p. 97 et p. 898 (note 1).
[22] Ibid., p. 163.
[23] Ibid., p. 161.

Nous avons vu qu'en alchimie, le Mercure est avant tout caractérisé par sa mobilité, sa folie ainsi que par la liaison entre l'eau et le feu[24], le haut (le ciel) et le bas (la terre). Octave incarne cette conjonction des opposés par son caractère : il a des accès de colère (le feu) et il se sent bien dans l'eau et sous la pluie : « [...] la pluie qui tombait par torrents ne lui fit point baisser la tête ; cette pluie froide lui faisait du bien[25]. »

Une fois encore, nous constatons une similitude avec la figure de Mignon des *Années d'apprentissage de Wilhelm Meister* de Goethe. Nous avons déjà cité le passage dans lequel Mignon fond en larmes. En voici un autre où elle apparaît folle de colère :

Mignon était d'une gaité qui touchait au délire, et la société, quelque plaisir qu'elle eût pris tout d'abord à cette plaisanterie, se vit forcée d'y mettre un terme. Mais la persuasion n'eut guère d'effet, car l'enfant sauta hors du fauteuil et se mit à bondir autour de la table, le tambourin basque à la main. Ses cheveux flottaient et tandis qu'elle rejetait la tête en arrière et semblait lancer ses membres en l'air, on l'eût prise pour une de ces Ménades dont les postures sauvages et presque invraisemblables nous étonnent encore souvent dans les monuments du passé. [...] Aussitôt après, il [Wilhelm] se sentait saisi au bras gauche et il éprouva en même temps une vive douleur. C'était Mignon qui, s'étant cachée pour guetter son passage, l'avait empoigné et l'avait mordu au bras[26].

Mignon ward bis zur Wut lustig, und die Gesellschaft, so sehr sie Anfangs über den Scherz gelacht hatte, mußte zuletzt Einhalt

---

[24] Cf. chap. 17 dans ce volume.
[25] Stendhal, « Armance », op. cit., p. 102.
[26] Johann Wolfgang Goethe, « Wilhelm Meister. Les Années d'apprentissage », op. cit., pp. 670-671.

tun. Aber wenig half das Zureden, denn nun sprang sie auf und raste, die Schellentrommel in der Hand, um den Tisch herum. Ihre Haare flogen, und indem sie den Kopf zurück und alle ihre Glieder gleichsam in die Luft warf, schien sie einer Mänade ähnlich, deren wilde und beinah unmögliche Stellungen uns auf alten Monumenten noch oft in Erstaunen setzen. [...] In dem Augenblicke fühlte er [Wilhelm] sich am linken Arme ergriffen und zugleich einen sehr heftigen Schmerz. Mignon hatte sich versteckt gehabt, hatte ihn angefaßt und ihn in den Arm gebissen[27].

Voyons maintenant la colère d'Octave :

Ce n'était pas toujours de nuit et seul qu'Octave était saisi par ces accès de désespoir. Une violence extrême, une méchanceté extraordinaire marquaient alors toutes ses actions, et sans doute, s'il n'eût été qu'un pauvre étudiant en droit, sans parents ni protection, on l'eût enfermé comme fou. [...] Il n'y avait pas un an qu'un jeune laquais effrayé de la figure d'Octave, ayant eu l'air de s'opposer à son passage, un soir qu'il sortait en courant du salon de sa mère, Octave, furieux, s'était écrié : « Qui es-tu pour t'opposer à moi ! si tu es fort, fais preuve de force. » Et en disant ces mots, il l'avait saisi à bras-le-corps et jeté par la fenêtre[28].

Dans ce passage, il est intéressant de remarquer qu'au début de cette scène, Octave sort du salon de sa mère et que le laquais qu'il jette par la fenêtre s'appelle Pierre. Un autre Pierre – en

---

[27] Johann Wolfgang Goethe, « Wilhelm Meisters Lehrjahre », op. cit., p. 327.
[28] Stendhal, « Armance », op. cit., p. 104.

l'occurrence un certain Saint-Pierre – apparaîtra plus tard, au moment où Armance sort de la chambre d'Octave[29].

Pour résumer, la folie d'Octave, son errance continue ainsi que le fait qu'il fut voleur autrefois[30] (rappelons que Mercure est entre autres le dieu des voleurs[31]) indiquent qu'il est une incarnation de Mercure. Il en va d'Octave comme de Fabrice dans *La Chartreuse de Parme*; ce sont les femmes qui le conduisent: sa mère, Madame de Malivert, sa tante, Madame de Bonnivet, et Armance. Octave représente la dualité reflétée dans les deux noms *Mal*ivert et *Bon*nivet[32], il est comme le *Mercure des philosophes* « l'Un-toutes-les-choses[33] ».

2. La thématique de l'inceste

Nous avons déjà mentionné que la thématique de l'inceste est très présente dans les traités alchimiques et qu'il peut être question aussi bien d'une union fraternelle que de l'union d'une mère et de son fils, incarnées dans *La Chartreuse de Parme* respectivement

---

[29] Ibid., p. 219.

[30] « Octave dit à son amie que dans sa jeunesse il avait eu la passion de voler. » (Ibid., p. 207.)

[31] Jean-Jacques Hamm voit également en Octave « quelque parenté avec Hermès. » (Jean-Jacques Hamm, *Armance, ou la liberté de Stendhal*, Paris, Honoré Champion Éditeur, 2009, p. 171.)

[32] En ce qui concerne les noms Malivert et Bonnivet cf. également C. W. Thompson, « Les clefs d'*Armance* et l'ambivalence du génie romantique du Nord », dans : *Stendhal Club*, n°100, 15 juillet 1983, p. 533 ; Jean-Paul Weber, *Stendhal. Les structures thématiques de l'œuvre et du destin*, Paris, Société d'Édition d'Enseignement supérieur, 1969, p. 368.

[33] Michel Cazenave (dir.), *Encyclopédie des symboles*, op. cit., p. 623.

par l'amour de Clélia et Fabrice et celui de Gina et Fabrice. Dans *Armance*, l'allusion à l'inceste est également présente.

Le secret d'*Armance* semble avoir été révélé par Stendhal dans la lettre qu'il écrivit le 23 décembre 1826 à son ami Mérimée : Octave est babilan, c'est-à-dire impuissant. Nous nous posons avec François Yoshitaka Ushida la question de savoir s'il « [n]'y a [...] plus d'énigme pour *Armance* depuis qu'on sait que le héros est un impuissant[34] ». Ushida soupçonne même qu'« [e]n mettant trop d'accent sur l'impuissance du héros, on s'égare et s'éloigne du sujet que Stendhal a voulu traiter. [...] La cachette la plus sûre, c'est de ne pas cacher, mais d'étaler sous une apparence insignifiante[35]. » L'interprétation d'*Armance* par Corrado Rosso va dans le même sens : « On connaît la clé donnée par Stendhal (Octave est impuissant) mais on sait qu'elle ouvre mal : elle explique trop et trop peu à la fois, et elle ne sert, si elle sert, que pour Octave[36]. » Nous adhérons tout à fait à ces remarques. Pour nous se pose avant tout la question de savoir pourquoi Octave se désigne lui-même à plusieurs reprises comme un « monstre » ? Et comment établir un lien entre sa « dysfonction » corporelle et sa parfaite beauté d'un côté et sa cruauté de l'autre ? La révélation de l'impuissance ne nous paraît pas suffisante pour comprendre le personnage. De fait, la dénomination de « monstre » s'inscrit dans un tout autre contexte. L'amour tendre qu'Octave ressent pour sa mère[37] ainsi que le fait qu'Armance nomme Madame de Malivert « maman[38] »

---

[34] François Yoshitaka Ushida, *L'énigme onomastique et la création romanesque dans « Armance »*, op. cit., p. 11.
[35] Ibid.
[36] Corrado Rosso, « Stendhal, „ Armance ", amulettes et talismans ». op. cit., p. 240.
[37] « [...] sa mère qu'il aimait avec une sorte de passion [...]. » (Stendhal, « Armance », op. cit., p. 89.)
[38] Ibid., p. 220.

qui, de son côté, appelle Octave et Armance ses « enfants[39] », mettent en avant la thématique de l'inceste qui se manifeste dès ce premier roman de Stendhal. Cet amour incestueux se trouve souligné par la lettre qu'Octave écrit à Armance après avoir été blessé en duel. Il écrit qu'il a aimé Armance « mieux qu'un père n'aime sa fille[40] ». Comme plus tard dans *La Chartreuse de Parme*, la relation suggérée ici est endogame. Cela correspond à la symbolique de l'Ouroboros qui ferme le cycle avec lui-même[41] – nous y reviendrons. Octave tient donc dans *Armance* la place du frère, du père (en tant qu'amant de sa mère) et de l'amant. Comme Fabrice del Dongo, il incarne les trois phases du Grand Œuvre : il est l'enfant (*albedo*), l'amant (*rubedo*) et le père (*nigredo*).

Les influences du théâtre de Racine sur l'œuvre de Stendhal ont souvent été analysées de sorte que nous pouvons considérer qu'elles sont familières au lecteur[42]. Dans *La Chartreuse de Parme*, la description de la tour Farnèse renvoie à l'histoire de Phèdre et d'Hippolyte :

> *Cette seconde tour, comme le lecteur s'en souvient peut-être, fut élevée sur la plate-forme de la grosse tour, en l'honneur d'un prince héréditaire qui, fort différent de l'Hippolyte fils de*

---

[39] Ibid., p. 206. Et le narrateur ajoute : « […] c'était le nom qu'elle leur donnait toujours […]. » (Ibid.)

[40] Ibid., p. 191.

[41] Carl Gustav Jung, *Psychologie et alchimie*, op. cit., p. 525.

[42] Cf. entre autres Andrea Wendt-Adelhoefer, *Stendhal und die Klassik. Untersuchung der Stendhalschen Produktions- und Rezeptionsästhetik vor dem Hintergrund der Ästhetik des klassischen französischen Dramas im 17. Jahrhundert*, Frankfurt am Main, HAAG + HERCHEN, 1995 ; Andrea Wendt-Adelhoefer, « Zum Umgang Stendhals mit Szenenbildern aus dem Theater Racines », dans : Sybil Dümchen/Michael Nerlich (éds.), *Stendhal. Image et texte / Text und Bild*, op. cit., pp. 271-282 ; Marguerite Arnautovic, « Au bord de l'Armance », dans : *Stendhal Club*, n° 68, 1975, p. 293 (note 13).

Thésée, n'avait point repoussé les politesses d'une jeune belle-mère[43].

Or, dans la tragédie *Phèdre* de Racine, Phèdre se désigne elle-même comme un « monstre », parce qu'elle aime son beau-fils Hippolyte :

Venge-toi, punis-moi d'un odieux amour :/ Digne fils du héros qui t'a donné le jour,/ Délivre l'univers d'un monstre qui t'irrite./ La veuve de Thésée ose aimer Hippolyte[44] !

Thésée qui, dupé par Œnone, pense que c'est au contraire Hippolyte qui aime sa belle-mère, le désigne également comme un « monstre » :

Monstre, qu'a trop longtemps épargné le tonnerre,/ Reste impur des brigands dont j'ai purgé la terre,/ Après que le transport d'un amour plein d'horreur/ Jusqu'au lit de ton père a porté ta fureur [...][45].

Soulignons que Jean-Jacques Hamm renvoie aux similitudes entre Hippolyte et Octave : tous deux sont chasseurs, beaux et chastes et prennent pour seul confident une femme[46]. Le secret qu'Octave ne peut révéler et qui fait de lui un « monstre[47] » est, d'après nous

---

[43] Stendhal, « La Chartreuse de Parme », op. cit., p. 308.
[44] Racine, « Phèdre », dans : *Théâtre complet de Racine*, suivi d'un choix de ses épigrammes concernant son théâtre avec une préface, des notices et des notes par Maurice Rat, Paris, Garnier Frères, 1953, p. 564, acte II, scène 5.
[45] Ibid., p. 575 (acte IV, scène 2).
[46] Jean-Jacques Hamm, *Armance, ou la liberté de Stendhal*, op. cit., p. 171.
[47] Stendhal, « Armance », op. cit., p. 231.

et en regard de l'influence de l'œuvre de Racine et notamment de *Phèdre* sur *Armance*[48], l'amour incestueux qu'il éprouve pour sa mère[49] et qui fait d'Armance à la fois sa « fille » et sa « sœur ». L'oncle d'Octave voit en lui « Lucifer en personne[50] ». Armance serait donc la fille du diable (Lucifer). Mignon chez Goethe est le fruit d'un amour incestueux et comme Armance, elle est un être androgyne, désignée comme la fille du diable :

Puis, il fallut s'entendre avec l'entrepreneur au sujet de l'enfant [Mignon]. [...] Quant à l'origine de l'enfant, il prétendit ne rien savoir, sinon qu'il l'avait emmenée après la mort de son frère, surnommé le Grand Diable *à cause de son extraordinaire talent*[51].

Nun ging die Unterhandlung mit dem Entrepreneur wegen des Kindes [Mignon] an [...]; von der Herkunft des Kindes aber weiter nichts bekennen wollte, als daß er solches nach dem Tode seines Bruders, den man, wegen seiner außerordentlichen Geschicklichkeit, den großen Teufel genannt, zu sich genommen habe[52].

---

[48] Cf. Andrea Wendt-Adelhoefer, *Stendhal und die Klassik*, op. cit., pp. 99-103. Il est étonnant que Wendt-Adelhoefer ne mentionne point la dénomination de « monstre », ni dans *Armance* ni dans *Phèdre*.

[49] Philippe Berthier s'est d'ailleurs posé la même question : « N'aurait-il pas désiré sa mère ? Et quitte à donner dans la surenchère logique [...] : n'aurait-il pas couché avec elle, puisqu'elle est la personne qu'il aime „ le mieux au monde ", „ avec une sorte de passion " [...]. » (Philippe Berthier, « Armance. Notice », dans : Stendhal, *Œuvres romanesques complètes*, op. cit., p. 868.)

[50] Stendhal, « Armance », op. cit., p. 90.

[51] Johann Wolfgang Goethe, « Wilhelm Meister. Les Années d'apprentissage », op. cit., p. 459.

[52] Johann Wolfgang Goethe, « Wilhelm Meisters Lehrjahre », op. cit., p. 103.

Nous connaissons une autre « *fille du diable*[53] » : Lamiel - ou comme le dit Nerlich « La mi-el[le][54] » - être également hybride, dont d'ailleurs le maître est au début du roman le docteur Sansfin, une personne laide et dont le nom renvoie de nouveau à l'Ouroboros de l'alchimie[55].

Nous avons vu qu'Armance est comme Octave un être hybride. Octave parle de la peur qu'Armance lui inspire du fait qu'elle décide de son destin : « Armance m'a toujours fait peur. Je ne l'ai jamais approchée sans sentir que je paraissais devant le maître de ma destinée[56]. » Armance représente pour Octave, comme Clélia pour Fabrice et Mignon pour Wilhelm, l'âme (l'*anima*). Par son union avec elle, la pierre philosophale peut naître. Armance, après s'être avoué son amour pour Octave, décide de devenir religieuse. Elle fait vider sa chambre « ornée de son joli papier bleu *lapis*[57]. » Pour Octave, Armance a « la grâce et la légèreté d'un oiseau[58] » et il la désigne comme un « ange[59] ».

3. Le cycle de la vie

Nous avons montré que, dans *La Chartreuse de Parme*, Fabrice représente le cycle de la vie puisqu'il meurt et renaît à plusieurs

---

[53] Stendhal, « Lamiel », op. cit., p. 891.
[54] Michael Nerlich, Stendhal, op. cit., p. 119.
[55] Cf. aussi la comparaison de Lamiel avec le Faust de Goethe dans : Helga Druxes, *The feminization of Dr. Faustus. Female identity quests from Stendhal to Morgner*, op. cit., 23-48.
[56] Stendhal, « Armance », op. cit., p. 240.
[57] Ibid., p. 130. Nous soulignons.
[58] Ibid., p. 174.
[59] Ibid., p. 176.

reprises et que ce cycle, symbolisé par l'Ouroboros, est en relation étroite avec l'alchimie. C'est pourquoi la roue - la *rota* - revêt une grande importance en alchimie. Au début d'*Armance*, nous voyons apparaître une roue, qui met la transformation d'Octave en marche et l'introduit dans le cycle de la mort et de la renaissance :

> *En ce moment, une voiture qui débouchait au galop de la rue de Poitiers, dans la rue de Bourbon, faillit écraser Octave. La roue de derrière serra fortement sa poitrine et déchira son gilet, il resta immobile ; la vue de la mort lui avait rafraîchi le sang*[60].

Tout comme Fabrice dans *La Chartreuse de Parme*, Octave tombe trois fois dans un sommeil - pour ainsi dire - mortel. La première fois survient après qu'il s'est avoué son amour pour Armance ; un événement qui le décide à prendre la fuite vers Paris :

> *Octave s'appuya contre un arbre et tomba évanoui. Lorsqu'il revint à la vie, il éprouvait un sentiment de froid extraordinaire. Il ouvrit les yeux. [...] Octave eut un instant de trouble, ses idées n'étaient pas nettes : il se trouvait placé sur le revers d'un fossé au milieu d'une clairière, dans un bois ; il voyait de grandes masses arrondies de brouillard qui passaient rapidement devant lui. Il ne reconnaissait point le lieu où il était*[61].

Le paysan qui trouve Octave lui dit : « [...] vous aviez l'air mort[62] ». Tout comme dans *La Chartreuse de Parme*, nous retrouvons la

---

[60] Ibid., pp. 101-102.
[61] Ibid., p. 173.
[62] Ibid.

conjonction d'opposés tels que le feu et l'eau, la chaleur et le froid :

> *La tête d'Octave était comme désorganisée par une chaleur brûlante. [...] Lorsqu'il revint à la vie, il éprouvait un sentiment de froid extraordinaire. [...] Il se trouva soigné par un paysan qui tâchait de le faire revenir à lui, en l'inondant de l'eau froide qu'il allait prendre, dans son chapeau, à une source voisine*[63].

La chute dans le fossé, l'eau et le brouillard nous rappellent la naissance « alchimique » de Fabrice après sa fuite de la tour Farnèse. Octave se trouve rejeté dans l'état de la *nigredo*, dans le chaos : il ne sait pas où il est et ses idées ne sont pas nettes. Par la suite, il enterre un cadeau d'Armance à l'endroit-même où il a perdu connaissance. Il s'agit d'une bourse ornée de perles d'acier. Nous avons vu que Gina donne également à Fabrice une bourse identique avant qu'il ne parte pour Waterloo. La perle symbolise non seulement la pureté mais aussi Diane alias Luna[64].

Octave tombe dans un deuxième « sommeil léthargique[65] » après qu'il a mis à exécution son projet de départ. Et le troisième sommeil s'empare de lui après sa blessure lors d'un duel : « À son retour à la vie, Octave fut saisi d'un long étonnement ; tout était

---

[63] Ibid., pp. 172-173.

[64] « Alle acque e alla Luna, manifestazioni dello stesso *sacrum*, si collega la perla, espressione complessiva delle acque, della conchiglia acquatica (che con il suo disegno a spirale allude anche all'eterno ritorno del ciclo lunare) e dell'embrione. Per questo l'astrologia ha associato la perla alla Luna e al segno acqueo del Cancro, che ricorda anche graficamente [...] l'uovo cosmogonico e la fecondità primigenia. » (Edi Minguzzi, *La struttura occulta della Divina Commedia*, Milano, Libri Scheiwiller, 2007, p. 113.)

[65] Stendhal, « Armance », op. cit., p. 180.

changé pour lui⁶⁶. » De nouveau, le héros subit une transformation. Le « retour à la vie » souligne l'association de la mort et de la renaissance d'Octave, association que nous retrouvons dans la scène finale du roman : « Au point du jour, on le trouva sans mouvement sur le pont, couché sur quelques cordages. Le sourire était sur ses lèvres, et sa rare beauté frappa jusqu'aux matelots chargés de l'ensevelir⁶⁷. » La perfection ne pouvant être atteinte que par un processus de mort et de renaissance, Octave s'empoisonne à la fin du roman. Nous trouvons ici un nouveau parallèle avec l'œuvre de Goethe. Dans *Faust*, c'est Faust qui tente de s'empoisonner :

> *Je te salue, fiole solitaire que je saisis avec un pieux respect ! en toi j'honore l'esprit de l'homme et son industrie. Remplie d'un extrait des sucs les plus doux, favorable au sommeil, tu contiens aussi toutes les forces subtiles qui donnent la mort ; accorde tes faveurs à celui qui te possède ! Je te vois, et ma douleur s'apaise ; je te saisis, et mon agitation diminue, et la tempête de mon esprit se calme peu à peu ! Je me sens entraîné dans le vaste Océan, le miroir des eaux marines se déroule silencieusement à mes pieds, un nouveau jour se lève au loin sur des plages inconnues⁶⁸.*

> *Ich grüße dich, du einzige Phiole!/Die ich mit Andacht nun herunterhole,/In dir verehr' ich Menschenwitz und Kunst./Du Inbegriff der holden Schlummersäfte,/Du Auszug aller tödlich feinen Kräfte,/Erweise deinem Meister deine Gunst!/Ich sehe*

---

⁶⁶ Ibid., p. 199.
⁶⁷ Ibid., p. 243.
⁶⁸ Johann Wolfgang Goethe, « Faust », dans : Johann Wolfgang Goethe, *Théâtre complet*, édition établie par Pierre Grappin avec collaboration d'Éveline Henkel, texte traduit par Gérard de Nerval, Paris, Gallimard, 1988, p. 1144.

dich, es wird der Schmerz gelindert,/Ich fasse dich, das Streben wird gemindert,/Des Geistes Flutstrom ebbet nach und nach./Ins hohe Meer werd' ich hinausgewiesen,/Die Spiegelflut erglänzt zu meinen Füßen,/Zu neuen Ufern lockt ein neuer Tag[69].

Yvette Kace Centeno remarque dans ce contexte que cette première tentation de Faust symbolise une « première mort. „ Christ est ressuscité ", et le chœur des anges célèbre aussi en même temps la résurrection de Faust [...][70]. » Ronald Douglas Gray souligne également que la mort de l'alchimiste est nécessaire pour atteindre la perfection[71].

La mort d'Octave dans *Armance* est elle aussi mise en relation avec la (re)naissance. Ainsi François Yoshitaka Ushida constate-t-il : « On trouve Octave immobile, „ couché sur quelques cordages " [...] comme s'il était un fœtus lié par le cordon ombilical à la mer/mère[72]. » Le sommeil mortel et la beauté d'Octave nous renvoient à l'idéal de beauté de Johann Joachim Winckelmann, représenté par l'hermaphrodite. Les bonnes connaissances que Stendhal avait de l'œuvre de l'archéologue allemand lui ont sans

---

[69]   Johann Wolfgang Goethe, « Faust », dans : Johann Wolfgang Goethe, *Sämtliche Werke nach Epochen seines Schaffens*, Münchner Ausgabe, Karl Richter in Zusammenarbeit mit Herbert G. Göpfert, Norbert Miller und Gerhard Sauder (éds.), Band. 6.1, herausgegeben von Victor Lange, München, Carl Hanser Verlag, 1986, p. 554.

[70]   Yvette Kace Centeno, « L'alchimie et le Faust de Goethe », op. cit., p. 133.

[71]   « The only road to perfection was through 'death', either physical or spiritual. In order to be reborn in a new life, the alchemist must utterly relinquish all personal desires, and this might well be compared to the acceptance of a cup of bitter poison. » (Ronald Douglas Gray, *Goethe the alchemist. A study of alchemical symbolism in Goethe's literary and scientific works*, op. cit., p. 227.)

[72]   François Yoshitaka Ushida, *L'énigme onomastique et la création romanesque dans « Armance »*, op. cit., p. 102.

aucun doute inspiré le voyage en Grèce qu'il fait entreprendre au personnage d'Octave et expliquent également qu'il ait fait coïncider son suicide avec l'apparition de la lune derrière le mont Kalos – le mont de beauté. Endormi entre terre et ciel, Octave représente la beauté éternelle et divine de l'hermaphrodite que Stendhal connaissait – entre autres – par la sculpture de l'Hermaphrodite endormi de la Villa Borghèse à Rome, qui fut transporté sous Napoléon entre 1808 et 1811 au musée du Louvre à Paris (ill. 30)[73].

Mais reprenons le passage relatant la mort d'Octave :

> *Un mousse du haut de la vigie cria :* Terre *! C'était* le sol *de la Grèce et les montagnes de la Morée que l'on apercevait à l'horizon. Un vent frais portait le vaisseau avec rapidité. [...] Et à minuit, le 3 de mars, comme* la lune *se levait derrière le mont Kalos, un mélange d'opium et de digitale préparé par lui délivra doucement Ocatev de cette vie [...][74].*

Ce passage allie de nouveau la nuit au jour, la terre à l'eau, le haut au bas et, de manière cachée, le sol – mot symbolique puis qu'il désigne la terre mais également en latin le soleil – à la lune. De cette alliance meurt et renaît le *Mercure des philosophes* : Octave. Et évidemment, Octave ne meurt pas d'une seule substance mais d'un mélange de latex de pavot somnifère (l'opium, blanc) et de digitale pourpre (rouge).

---

[73] « La fameux hermaphrodite Borghèse, actuellement au Louvre, fut trouvé lors des fouilles pour les fondations de la Vittoria. » (Stendhal, *Journal d'un voyage en Italie et en Suisse, pendant l'année 1828*, Romain Colomb (éd.), Paris, Verdière, 1833.)

[74] Stendhal, « Armance », op. cit., p. 243. Nous soulignons.

4. La pierre philosophale – le *rebis*

Dans *Armance*, tout comme dans *La Chartreuse de Parme*, l'*Œuvre au rouge* est symbolisé par l'oranger. Ainsi les orangers du jardin du château Andilly ont-ils une fonction alchimique. Lorsque Octave (Mercure) se trouve avec Armance (Luna) sous l'oranger (l'arbre du soleil) apparaît une petite croix (le creuset) de diamants (les pierres) :

> *Elle voulut s'appuyer sur la caisse d'un oranger, mais elle n'eut pas la force de se retenir ; elle glissa et tomba près de cet oranger, privée de tout sentiment. […] Toute la rare perfection de ce corps délicat se trahissait sous un simple vêtement du matin. Octave remarqua une petite croix de diamants qu'Armance portait ce jour-là pour la première fois. […] « Pardon, ô mon cher ange », dit-il à voix basse et en couvrant de baisers cette main glacée, « jamais je ne t'ai tant aimée. »*[75]

La scène se répète quelques chapitres plus tard. De nouveau, la croix de pierre apparaît au moment où Armance et Octave se trouvent près de l'oranger. Octave embrasse Armance qui rougit :

> *Elle reconnut cet arbre, elle sourit et s'appuya contre la caisse de l'oranger en fermant les yeux. […] Il reconnut cette petite croix de diamants qu'Armance avait reçue de Russie […]. Elle était cachée ordinairement, elle parut par le mouvement que fit Armance. Octave eut un moment d'égarement ; il prit sa main comme le jour où elle s'était évanouie et ses lèvres*

---

[75] Ibid., p. 176.

osèrent effleurer sa joue. Armance se releva vivement et rougit beaucoup[76].

Les pierres, la croix et les oranges sont mises ici en relation. Nous apprenons au sujet de Madame de Malivert qu'elle engage « ses enfants [...] à aller se placer dans l'embrasure de la croisée qui donn[e] sur le jardin[77] ». Nous avons déjà vu que la croix en alchimie est un symbole du creuset qui abrite la création de la pierre philosophale. Tout cela confirme la supposition de Marguerite Arnautovic selon laquelle le roman *Armance* représente la recherche du *lapis philosophorum*[78]. Corrado Rosso a également identifié l'importance de la croix dans *Armance*. Il cite le passage dans lequel Octave confesse à Madame de Bonnivet son absence de conscience. Celle-ci porte à sa chaîne d'or « un ornement singulier : [...] une sorte de croix de fer fabriquée à Koenigsberg [...][79]. » Comme nous, Corrado Rosso voit dans cette croix moins le signe de la croix chrétienne qu'un symbole alchimique :

La Marquise est une illuminée et l'on comprend que dans son mysticisme le Dieu des Hébreux et la croix des Chrétiens ne font qu'un [...]. Mais une lecture « magique » du texte pourrait absoudre la bonne Marquise de cette accusation de syncrétisme, si l'on pense que le symbole chrétien de la croix a derrière lui une tradition bien antérieure au christianisme, laquelle se rattache au culte solaire où le swastika et la croix ont joué un rôle essentiel dans l'adoration du soleil ; et l'on sait

---

[76] Ibid., p. 205.
[77] Ibid., p. 206.
[78] Marguerite Arnautovic, « Nouveaux aperçus sur Stendhal et Goethe. Stendhal „ détracteur " et débiteur de Goethe », op. cit., p. 97.
[79] Stendhal, « Armance », op. cit., p. 122.

que la croix a eu une fonction importante dans les courants médiévaux de l'alchimie et de l'ésotérisme en général[80].

Il est plusieurs fois question de la beauté parfaite d'Octave. D'après nous, la perfection est à placer au même niveau que la monstruosité[81]. Un autre élément semble expliquer pourquoi Octave se désigne lui-même comme un monstre : l'androgynie. L'androgynie était très à la mode aux XVIIIe et XIXe siècles[82], notamment à cause des œuvres de Johann Joachim Winckelmann et de son idéal de beauté de l'art grec, celui de l'hermaphrodite, représenté entre autres dans les sculptures de l'Apollon du Belvédère et de l'Hermaphrodite endormi. Mais ce qui était perçu en art comme une perfection était en réalité, du point de vue de la médecine, une monstruosité. Kathleen P. Long nous indique un texte de Montaigne qui nous semble intéressant dans ce contexte : *D'un enfant monstrueux*. Montaigne y pose également la question de la monstruosité en décrivant un homme sans parties génitales :

---

[80] Corrado Rosso, « Stendhal, „Armance", amulettes et talismans ». op. cit., p. 234.

[81] Cf. Lydia Bauer, *Vom Schönsein. Ideal und Perversion im zeitgenössischen französischen Roman*, Köln, Böhlau, 2010, p. 176. Cf. également Mechthild Fend, *Grenzen der Männlichkeit. Der Androgyn in der französischen Kunst und Kunsttheorie 1750-1830*, Berlin, Dietrich Reimer Verlag, 2003, p. 27.

[82] Kliebenstein renvoie à la présence de l'androgyne dans la littérature française à l'époque d'*Armance* : « À l'époque d'*Armance* l'androgyne est partout : comme héros bisexué, dans *Fragoletta* de Latouche (1829) et *Séraphîta* de Balzac (1834) ; comme monstre asexué dans *Sarrasine* (1830) ; comme héroïne invertie dans *La Fille aux yeux d'or* (1834) ; comme héroïne travestie dans *Mademoiselle de Maupin* (1835), etc. » (Georges Kliebenstein, *Enquête en Armancie*, Grenoble, ELLUG, 2005, p. 159.)

> *Je vien de voir un pastre en Medoc, de trente ans ou environ, qui n'a aucune monstre des parties genitales : il a trois trous par où il rend son eau incessamment, il est barbu, a desir, et recherche l'attouchement des femmes. /// Ce que nous appellons monstres, ne le sont pas à Dieu, qui voit en l'immensité de son ouvrage, l'infinité des formes, qu'il y a comprinses [...]*[83].

Octave de Malivert ne demande-t-il pas : « Un être tout-puissant et bon pourrait-il me punir d'ajouter foi au rapport des organes que lui-même il m'a donnés[84] ? » En alchimie, l'hermaphrodite, le *rebis*, représente la perfection, l'être divin, bref la pierre philosophale et il est le résultat de l'union incestueuse de la sœur et du frère, de la lune et du soleil[85].

Octave incarne le *rebis*, c'est-à-dire la pierre philosophale. Mais si nous regardons le passage traitant de la première rencontre d'Octave et d'Armance près de l'oranger, nous voyons qu'il y est également question de la « rare perfection[86] » du corps d'Armance. Ce qui nous amène à trouver une nouvelle explication à la monstruosité d'Octave qui ne se réfère pas seulement à ce qu'il fait, mais aussi à ce qu'il est. Le couple d'Armance et

---

[83] Michel de Montaigne, « D'un enfant monstrueux », dans : *Les Essais*, édition établie par Jean Balsamo, Michel Magnien et Catherine Magnien-Simonin, Paris, Éditions Gallimard, Bibliothèque de la Pléiade, 2007, p. 749.

[84] Stendhal, « Armance », op. cit., p. 94.

[85] « The alchemical rebis defies the vision of gender, by offering two distinct forms in one body. [...] In the alchemical tradition, this hermaphroditic body is the ideal form. The Philosopher's Stone is often described as a hermaphrodite, as is the original God that created the universe. » (Kathleen P. Long, « Odd Bodies: Reviewing Corporeal Difference in Early Modern Alchemy », dans : Kathleen P. Long (éd.), *Gender and Scientific Discourse in Early Modern Culture*, Surrey, Ashgate, 2010, p. 81.)

[86] Stendhal, « Armance », op. cit., p. 176.

d'Octave reprend de nouveau l'aspect de la dualité. Ainsi Jean-Jacques Hamm écrit-il :

> S[tendhal] produit avec Armance *un roman sur la dualité. [...] Armance est masculinisée par Octave qui est, à son tour, féminisé par le texte. [...] Les deux personnages forment un couple qu'on peut qualifier d'androgyne. La ressemblance physique entre eux est frappante*[87].

Les personnages se ressemblent non seulement physiquement mais aussi dans leur comportement, comme Corrado Rosso l'a montré dans ses travaux sur *Armance*[88]. Georges Kliebenstein parle au sujet d'Armance et d'Octave d'une « osmose[89] » et d'une « symbolique fusionnelle[90] ». Son analyse détaillée du roman montre clairement que nous sommes confrontés à deux héros androgynes[91].

Ajoutons que le *rebis* est le résultat de l'union de l'ARgent (ARmance, Luna, Diana) et de l'Or (Octave) ou du mercure, en italien *mercurio* (Malivert), et du soufre, en italien *zolfo* (ZOhiLOFf) : un couple que nous retrouvons représenté entre autres dans

---

[87] Jean-Jacques Hamm, « Armance », dans : Yves Ansel / Philippe Berthier / Michael Nerlich (éds.), *Dictionnaire de Stendhal*, Paris, Honoré Champion, 2003, p. 67.

[88] Cf. Corrado Rosso, « Stendhal, « Armance », amulettes et talismans ». op. cit. ; Corrado Rosso, « L'esorcismo dell'amore (Stendhal: *Armance*) », dans : Corrado Rosso, *Il serpente e la sirena. Dalla paura del dolore alla paura della felicità*, Napoli, Edizioni scientifiche italiane, 1972, pp. 253-280.

[89] Georges Kliebenstein, *Enquête en Armancie*, op. cit., p. 165.

[90] Ibid., p. 166.

[91] Ibid., p. 165. Concernant la masculinisation d'Armance et la féminisation d'Octave cf. également Jean-Jacques Hamm, *Armance, ou la liberté de Stendhal*, op. cit., pp. 91-107.

le cabinet de l'Ermatena (*Gabinetto dell'Ermatena*) du palais Farnèse de Caprarola (ill. 28)[92] :

Pierre philosophale/*rebis*/*Mercure des philosophes*

Lune	Sol
Argent	Or
ARmance	Octave
Mercure/mercurio (ital.)	Soufre /zolfo (ital.)
Malivert	ZOhiLOFf

Récapitulons : d'après nous, la parfaite beauté d'Octave ainsi que son caractère double, bon et mauvais à la fois, s'expliquent par le fait qu'il incarne le *rebis* alchimique. Comme le *rebis* ou le *Mercure des philosophes*, Octave représente le début et la fin de l'Œuvre : l'Ouroboros. La description du Mercurius par Carl Gustav Jung fait apparaître encore plus clairement les similitudes entre Mercure et Octave :

Le Mercurius se trouve au début et à la fin de l'œuvre : il est la prima materia, le *caput corvi (la tête de corbeau), la* nigredo *; dragon, il se dévore lui-même et meurt pour ressusciter sous la forme du* lapis. *[...] Il est l'être primordial hermaphrodite, qui se divise pour former le couple frère-sœur classique, et qui s'unit lors de la* coniunctio *pour apparaître à nouveau à la fin sous la forme rayonnante de la* lumen novum *(lumière neuve) du* lapis. Il est métal et cependant liquide, matière et cependant esprit, froid et cependant ardent [...], poison et cependant remède – il est *un symbole qui unit tous les opposés [...]*[93].

---

[92] Cf. Paolo Gasbarri, « La Stanza dell'Aurora nel Palazzo Farnese di Caprarola. Un caso di decorazione alchemico-ermetica », op. cit.

[93] Carl Gustav Jung, *Psychologie et alchimie*, op. cit., pp. 377-379.

Conformément à cette description, Octave représente d'après nous « l'être primordial hermaphrodite ». Il se divise pour former le couple Octave-Armance qui ne font, par leur ressemblance, qu'une seule et même personne. Nous nous souvenons que le *Mercure des philosophes* se définit avant tout par son ambiguïté, il est la pierre philosophale aussi bien que la matière première, le haut et le bas, le rouge et le noir, un être qui se renouvelle sans cesse et symbolise le cycle de la vie. Octave est lui aussi un être ambivalent. Il est furieux et doux, cruel et aimable, masculin et féminin. Une fois encore nous apparaît ici l'être qui se suffit à lui-même, qui est le début et la fin, l'homme et la femme, le père et le fils. Octave incarne le *filius philosophorum*, il est le *rebis* – l'hermaphrodite – et donc un être divin et diabolique à la fois[94].

Octave est-il Dieu ou est-il le diable : cette question se pose dès le début du roman : « [...] si tu n'es pas le messie attendu par les Hébreux, tu es Lucifer en personne [...] Que diable es-tu[95] ? » Notons ici que la question n'est pas « Qui diable es-tu ? » mais bien « Que diable es-tu ? », ce qui laisse supposer que l'identité d'Octave dépasse la simple identification à un être et touche davantage à une chose, une essence, une entité. Octave est doux et il est cruel :

Une violence extrême, une méchanceté extraordinaire marquaient alors toutes ses actions [...] Octave devait un peu cette

---

[94] « Medieval alchemy saw the hermaphrodite as a useful metaphor for the alchemical process; in true scholastic manner, this metaphor could be read *in bono or in malo*, either as a symbol of the divine or of the diabolical. » (Kathleen P. Long, « Introduction. Gender and Scientific Discourse in Early Modern Culture », dans : Kathleen P. Long (éd.), *Gender and Scientific Discourse in Early Modern Culture*, Surrey/Burlington, Ashgate Publishing Company, 2010, p. 7.)

[95] Stendhal, « Armance », op. cit., p. 90.

extrême distinction à l'expression de ses traits; elle avait de la force et de la douceur [...][96].

Il nous paraît pertinent ici d'établir un parallèle avec la figure de Julien Sorel dans le roman *Le Rouge et le Noir*. Julien est également un être mélancolique (« [...] *deux ou trois fois par an, il était saisi par des accès de mélancolie qui allait jusqu'à l'égarement*[97] ») qui incarne la dualité. Comme Octave, il se montre doux et furieux, gentil et méchant. Il est « Dieu[98] » et « Méphistophélès[99] ». Tout comme Octave, il se met en colère et fond en larmes. Son teint passe du pâle au rouge. Et finalement, il ressemble également à une jeune fille comme nous le lisons dans le passage relatant sa première rencontre avec Madame de Rênal : « Le teint de ce petit paysan était si blanc, ses yeux si doux, que l'esprit un peu romanesque de Mme de Rênal eut d'abord l'idée que ce pouvait être une jeune fille déguisée [...][100]. »

Mais revenons à *Armance*. Le nom d'Octave lui-même s'explique par sa double nature. Ainsi, nous lisons chez Carl Gustav Jung :

Le spiritus mercurialis (esprit mercuriel [...]) est le guide des alchimistes [...] et leur séducteur : il est leur bonne fortune et leur perdition. Sa double nature lui permet d'être non seulement le septième, mais aussi le huitième – le huitième sur l'Olympe « auquel personne ne pensait encore » (Faust, 2ᵉ partie)[101].

---

[96] Ibid., p. 104.
[97] Stendhal, « Le Rouge et le Noir », op. cit., p. 777.
[98] Ibid., p. 790.
[99] Ibid., p. 799.
[100] Ibid., p. 372.
[101] Carl Gustav Jung, *Psychologie et alchimie*, op. cit., p. 91.

Octave est le huitième (« octo »). Maryline Lukacher[102] mentionne le fait qu'après son mariage, Octave reste huit jours auprès d'Armance et qu'il comprend après huit jours « […] qu'on désespérait de son retour à la vie[103]. » Compte tenu que Stendhal souligne le chiffre huit, le nom n'est pas choisi par hasard.

Nous avons déjà renvoyé à Goethe et son roman *Les Affinités électives*. Dans ce roman, le *filius philosophorum* s'appelle Otto[104]. Selon Hans-Werner Schütt, l'importance du chiffre huit dans l'œuvre de Goethe se révèle également par la forme de ce chiffre qui signifie aussi l'infini : ∞[105]. Un autre personnage chez Goethe incarne le *rebis* ; il s'agit d'Ottilie – dont le nom renvoie également au chiffre huit et qui est, dans la traduction française à laquelle nous nous référons, malheureusement changé en « Odile ». Ottilie devient le double d'Édouard (ils se complètent ainsi en

---

[102] Maryline Lukacher, *Maternal fictions: Stendhal, Sand, Rachilde and Bataille*, Duke University Press, 1994, pp. 40-41.

[103] Stendhal, « Armance », op. cit., p. 242.

[104] Pour une interprétation alchimique des *Affinités électives* cf. Heinz Schlaffer, « Namen und Buchstaben in Goethes «Wahlverwandtschaften» », op. cit.

[105] Werner Schütt, *Auf der Suche nach dem Stein der Weisen*, op. cit., p. 508. Il faut ici rappeler que Roger Nimier lors de son analyse d'*Armance* a inventé une équation qui donne comme résultat également l'infini : « (jeune homme + beauté) puissance impuissance + richesse, sur amour sublime = infini » (Roger Nimier, « Un mariage », dans : *Nouvelle Revue française*, janvier 1962, p. 166.)

jouant de la musique[106] et l'écriture d'Ottilie ressemble à celle d'Édouard[107]). Dès le début du roman, Ottilie apparaît comme un être partagé. Son visage est divisé en deux :

La vivacité des mouvements intérieurs qui lui sont désagréables et auxquels elle résiste, se traduit chez elle par une inégalité de carnation du visage. La joue gauche devient rouge un instant, tandis que la droite pâlit[108].

Eine innre unangenehme lebhafte Bewegung, der sie widersteht, zeigt sich durch eine ungleiche Farbe des Gesichts. Die linke Wange wird auf einen Augenblick rot, indem die rechte bleich wird[109].

---

[106] « […] Odile, qui les avait quelquefois entendus jouer les sonates, paraissait ne les avoir étudiées que dans le sens où il les accompagnait. Elle s'était si bien assimilé ses défauts, qu'il en résultait une sorte d'ensemble vivant, qui sans doute n'allait pas en mesure, mais dont la sonorité était extrêmement agréable et plaisante. » (Johann Wolfgang Goethe, « Les Affinités électives », op. cit., pp. 177-178.) « […] so schien Ottilie, welche die Sonate von jenen einigemal spielen gehört, sie nur in dem Sinne eingelernt zu haben, wie jener sie begleitete. Sie hatte seine Mängel so zu den ihrigen gemacht, daß daraus wieder eine Art von lebendigem Ganzen entsprang, das sich zwar nicht taktgemäß bewegte, aber doch höchst angenehm und gefällig lautete. » (Johann Wolfgang Goethe, « Die Wahlverwandtschaften », op. cit., p. 340.)

[107] « Pour l'amour de Dieu ! s'écria-t-il, que veut dire ceci ? C'est mon écriture ! Il regarda Odile et encore les feuilles : la fin surtout était absolument comme s'il l'eût écrite lui-même. » (Johann Wolfgang Goethe, « Les Affinités électives », op. cit., p. 203.) « Um Gotteswillen! rief er aus, was ist das? Das ist meine Hand! Er sah Ottilien an und wieder auf die Blätter; besonders der Schluß war ganz als wenn er ihn selbst geschrieben hätte. » (Johann Wolfgang Goethe, « Die Wahlverwandtschaften », op. cit., p. 366.)

[108] Johann Wolfgang Goethe, « Les Affinités électives », op. cit., p. 161.

[109] Johann Wolfgang Goethe, « Die Wahlverwandtschaften », op. cit., p. 323.

Le rouge et le blanc reflètent les deux côtés présents dans les illustrations du *rebis* alchimique (ill. 10) ; ils représentent le soleil et la lune ainsi que les deux fontaines mercurielles (ill. 27).

Nous avons révélé la signification du nom d'Octave. Mais que signifie le nom d'Armance ? François Yoshitaka Ushida a démontré que Zohiloff est une anagramme de « philosophe[110] ». Avec Armance, Octave alias Pierre alias Mercure, forme le *Mercure des philosophes* – la pierre philosophale. Armance et Octave ne forment ensemble qu'un seul être. Le père d'Octave parle d'« une funeste analogie de caractères[111] ». Tous deux représentent l'Ouroboros, ils se trouvent au début et à la fin de l'Œuvre, ils forment le A et le O, le début et la fin, l'Alpha et l'Oméga[112].

5. Pierre Gerlat

Nous avons vu que le *Mercure des philosophes* – la pierre philosophale – nous sert dès *Armance* de clé de compréhension pour les passages énigmatiques de l'œuvre de Stendhal. Ce premier roman nous donne également une explication concernant le pseudonyme de son auteur. Revenons à Octave, le huitième (*otto*), et à son vœu de vivre sous le nom de Pierre Gerlat. Nous avons déjà souligné l'importance du prénom Pierre, mais pourquoi Stendhal choisit-il le nom Gerlat ? Tout simplement parce que son propre pseudonyme ce cache derrière cette figure fictive. Compte tenu

---

[110] François Yoshitaka Ushida, *L'énigme onomastique et la création romanesque dans « Armance »*, op. cit., pp. 19-20.

[111] Stendhal, « Armance », op. cit., p. 223.

[112] « […] the Philosophers' Stone was equivalent in some respects to the first and final cause; it was the Alpha and Omega. » (Ronald Douglas Gray, *Goethe the alchemist. A study of alchemical symbolism in Goethe's literary and scientific works*, op. cit., p. 20.)

de l'importance des anagrammes et des jeux de noms, surtout dans *Armance*, la recherche stendhalienne a cherché une explication à ce nom de valet qu'Octave aimerait porter. Ainsi François Yoshitaka Ushida interprète le nom comme une anagramme de scélérat[113]. Nous y voyons une autre explication. Souvenons-nous qu'Octave montre une fascination certaine pour les glaces de Saint-Gobain et qu'il rêve de trois glaces dans son salon[114]. Les miroirs jouent aussi un rôle dans la lecture du nom Pierre Gerlat, dont certaines lettres doivent être lues à l'envers, comme reflétées dans un miroir. Si nous écrivons

PIERRE   GER   LAT

nous pouvons interpréter le GER comme une invitation à lire en allemand (« in german » en anglais). Cela donne « Stein » pour Pierre et – ici, il faut lire à l'envers – « Tal » (la vallée, en français). « Steintal » n'est autre chose que « Steindal », l'ancien nom de la ville natale de Johann Joachim Winckelmann, aujourd'hui Stendal[115]. La confirmation que Stendhal connaissait l'étymologie du nom de cette ville nous est fournie par la *Correspondance* de Stendhal, où il évoque « Winckelmann, premier baron de Steindhal[116] ».

---

[113] François Yoshitaka Ushida, *L'énigme onomastique et la création romanesque dans « Armance »*, op. cit., p. 21.

[114] Stendhal, « Armance », op. cit., p. 103.

[115] Pierre Alain Bergher suit l'idée de Diefenbach selon laquelle Stendhal cache la date de son initiation en tant que franc-maçon dans son pseudonyme et il retrouve le nom Stendhal dans les « dalles de pierres » de *La Chartreuse de Parme* (Pierre Alain Bergher, *Les mystères de La Chartreuse de Parme*, op. cit., pp. 232-235).

[116] Stendhal, *Correspondance*, t. II, Henri Martineau (éd.), Paris, Gallimard, 1967, p. 713 (28 octobre 1834). C'est Dieter Diefenbach qui renvoie à cette citation (Dieter Diefenbach, *Stendhal und die Freimaurerei*, op. cit., p. 133.)

Reste la question de la lettre « H ». La ville Stendal s'écrit sans « h » et Stendhal n'a certainement pas ajouté ce « H » en raison de la prononciation[117]. Dieter Diefenbach a déjà expliqué que le « H » remplace *H*enri (Beyle) et qu'avec la valeur numérique de cette lettre (8), Stendhal renvoie par son pseudonyme à la date de son initiation[118]. Nous ajoutons que par ce « H », la huitième lettre (otto, Octave), l'auteur renvoie également à la perfection de la pierre philosophale.

---

[117] Pour toute la discussion autour de Stendal, Steindal, Stendhal cf. Dieter Diefenbach, *Stendhal und die Freimaurerei*, op. cit., pp. 132-139.

[118] Cf. ibid., pp. 139-145.

Mot de la fin

Les traités hermétiques sont obscurs, il est vrai, mais sous cette obscurité se cache la lumière. Une fois la théorie alchimique connue, possédant la clef des principaux symboles, vous pourrez hardiment entreprendre la lecture de Raymond Lulle, Paracelse, Bernard le Trévisan, Flamel, Roger Bacon, Phialèthe. Ce qui vous paraissait vide de sens, vous le trouverez logique, ces symboles qui vous étonnaient, vous les lirez comme Marielle lisait les hiéroglyphes, vous éprouverez un grand plaisir à déchiffrer vous-même, à épeler pour ainsi dire cette langue inconnue, à marcher pas à pas, mais sûrement vers la lumière[1].

Nous n'avons que peu parlé du *Rouge et le Noir* qui fera l'objet d'une analyse séparée. Notons ici que nous y retrouvons une symbolique alchimique, de sorte que nous pouvons supposer que le titre du roman se rapporte au début (le noir - *nigredo*) et à la fin (le rouge - *rubedo*) du Grand Œuvre. Il y est de nouveau question de l'union incestueuse de la mère (Madame de Rênal) et du fils (Julien Sorel). Ainsi, Julien se rend-il compte que Madame de Rênal a été pour lui « comme une mère[2] », et il revient à « […] l'adoration filiale et sans bornes que […] il avait pour Mme de Rênal[3]… » Et comme en alchimie, il ne s'agit pas seulement de l'union de la mère et du fils, mais aussi de la reine/la lune et du roi/le soleil. Nous connaissons le goût de Stendhal pour les jeux onomastiques, surtout en ce qui concerne les noms propres. Si

---

1   Albert Poisson, *Théories & symboles des alchimistes*, op. cit., p. VI.
2   Stendhal, « Le Rouge et le Noir », op. cit., p. 782.
3   Ibid.

nous renversons les syllabes, comme Stendhal l'a fait au début du roman avec le nom Julien Sorel et l'anagramme Luis Jenrel, nous retrouvons justement cette union entre La Reine (La Rên - Rênal) et le RE SOL (Sorel).

De même qu'Otto dans *Les Affinités électives* de Goethe est davantage le fils du capitaine et de Charlotte que celui d'Édouard et de Charlotte, le fils de Julien et de Mathilde est davantage celui de Julien et de Madame de Rênal. Du moins Julien veut-il qu'elle veille sur lui : « [...] songe [...] qu'il faut que tu vives pour mon fils [...][4]. » Julien – en tant qu'amant et fils de Madame de Rênal – incarne le *Mercure des philosophes*. Il est l'hermaphrodite, ce que le narrateur souligne en indiquant à maintes reprises qu'il ressemble à une fille[5].

Lors de sa première rencontre avec Julien, le lecteur du *Rouge et le Noir* le trouve perché au-dessus d'une « roue » entre l'eau et l'air, ou entre la terre et le ciel, assis « sur l'une des pièces de la toiture[6]. » En outre, le parallèle entre la pierre philosophale et le Christ est établi : Julien est le « fils d'un charpentier[7] ! » Et, aux yeux de Madame de Rênal, il est Dieu[8] : « Je sens pour toi ce que je devrais sentir uniquement pour Dieu : un mélange de respect, d'amour et d'obéissance[9]... »

Nous avons pu montrer que *La Chartreuse de Parme* est une œuvre imprégnée d'un langage symbolique et alchimique qui

---

[4] Ibid., p. 791.
[5] Ibid., p. 370 ; p. 372 ; p. 373.
[6] Ibid., p. 363.
[7] Ibid., p. 786.
[8] « Denn die Entstehung des *Lapis* [...] vollzieht sich als Entstehung eines Gottes: der *Lapis* ist ein Gott! Er ist der *hermaphroditische Mercurius*, häufig auch *Deus terrestris* genannt! » (Diethelm Brüggemann, *Kleist. Die Magie*, op. cit., p. 183.)
[9] Stendhal, « Le Rouge et le Noir », op. cit., p. 790.

rend intelligibles des descriptions a priori étranges, à l'instar de l'évasion de Fabrice de la tour Farnèse. L'analyse du premier roman de Stendhal, *Armance*, nous a permis de démontrer que *La Chartreuse de Parme* n'est pas un cas isolé, mais que la science alchimique est présente dans l'œuvre entière de Stendhal, influencée en outre par la franc-maçonnerie et surtout par les romans de Goethe, particulièrement *Les Affinités électives* et *Les Années d'apprentissage de Wilhelm Meister*. Comme nous l'avons souligné, il existe des parallèles frappants entre la figure de Mignon et Fabrice del Dongo. Tous deux incarnent le processus alchimique et subissent une transformation qui se manifeste dans une désincarnation. Un travail comparatiste faisant apparaître les parallèles symboliques entre les œuvres de ces deux auteurs reste encore à faire. Tout comme une analyse détaillée des romans stendhaliens *Le rouge et le noir*, *Lamiel* et *Lucien Leuwen* ainsi que de ses *Chroniques Italiennes*.

Comme nous l'avons montré, trois influences majeures s'entremêlent dans *La Chartreuse de Parme* : les romans de Goethe, les éléments alchimiques ainsi que l'histoire de la famille Farnèse au XVIe siècle. Cette histoire est étroitement liée aux lieux qui apparaissent explicitement ou implicitement dans le roman : la ville de Parme en tant que siège de la famille Farnèse et lieu où se trouve la Chambre de Saint-Paul, le château Saint-Ange à Rome que le pape Paul III fit agrandir ainsi que le palais du Cardinal Alexandre Farnèse à Caprarola. La Renaissance, qui connut l'apogée de la pensée alchimique et réconcilia, à travers sa relecture de l'Antiquité, les mythologies païenne et chrétienne, est omniprésente dans *La Chartreuse de Parme*.

Tout cela pourrait paraître abracadabrant. Mais il ne s'agit point là d'une théorie que nous avons plaquée artificiellement au roman de Stendhal. C'est l'enjeu soulevé par un faisceau de découvertes, faites au gré de lectures – comme celle du livre fascinant de Michele Frazzi ou des interprétations alchimiques des œuvres de Goethe et de Kleist – ainsi qu'au gré de séjours à Parme et à Caprarola, qui nous a ouvert l'accès à cette lecture alchimique de l'œuvre de Stendhal.

Bibliographie

Œuvres de Stendhal

STENDHAL, *Œuvres romanesques complètes*, t. I, préface de Philippe Berthier, édition établie par Yves Ansel et Philippe Berthier, Paris, Gallimard, Bibliothèque de la Pléiade, 2005.

STENDHAL, *Romans et nouvelles II*, texte établi et annoté par Henri Martineau, Paris, Gallimard, Bibliothèque de la Pléiade, 1952.

STENDHAL, *La Chartreuse de Parme*, préface, commentaires et notes de Victor Del Litto, Paris, Librairie Générale Française, 1983.

STENDHAL, *De l'Amour*, Victor Del Litto (éd.), Paris, Éditions Gallimard, 1980.

STENDHAL, *Écoles italiennes de peinture*, t. II, établissement du texte et préface par Henri Martineau, Paris, Le Divan, 1932.

STENDHAL, *Voyages en Italie*, textes établis, présentés et annotés par Victor Del Litto, Paris, Éditions Gallimard, 1973.

STENDHAL, *Journal d'un voyage en Italie et en Suisse, pendant l'année 1828*, Romain Colomb (éd.), Paris, Verdière, 1833.

STENDHAL, *Correspondance générale*, t. II (1810-1816), édition Victor Del Litto avec la collaboration d'Elaine Williamson, de Jacques Houbert et de Michel-E. Slatkine, Paris, Librairie Honoré Champion, 1998.

STENDHAL, *Correspondance générale*, t. VI (1837-1842), édition Victor Del Litto avec la collaboration d'Elaine Williamson, de Jacques Houbert et de Michel-E. Slatkine, Paris, Librairie Honoré Champion, 1999.

STENDHAL, *Correspondance*, t. II, Henri Martineau (éd.), Paris, Gallimard, 1967.
STENDHAL, *Œuvres Intimes*, t. I, édition établie par Victor Del Litto, Paris, Éditions Gallimard, Bibliothèque de la Pléiade, 1981.
STENDHAL, *Œuvres Intimes*, t. II, édition établie par Victor Del Litto, Paris, Éditions Gallimard, Bibliothèque de la Pléiade, 1982.

Bibliographie critique

ABRAVANEL, Ernest, « Le thème du poison dans l'œuvre de Stendhal », dans : *Première journée du Stendhal Club*, Lausanne, Éditions du Grand-Chêne, 1965, pp. 7-17.
AMMERLAHN, Hellmut, *Imagination und Wahrheit. Goethes Künstler-Bildungsroman « Wilhelm Meisters Lehrjahre ». Struktur, Symbolik, Poetologie*, Würzburg, Königshausen & Neumann, 2003.
ANSEL, Yves/Berthier, Philippe/Nerlich, Michael (éds.), *Dictionnaire de Stendhal*, Paris, Honoré Champion, 2003.
ARBELET, Paul, *L'histoire de la peinture en Italie et les plagiats de Stendhal*, Genève, Slatkine, 2001.
ARNAUTOVIC, Marguerite « Au bord de l'Armance », dans : *Stendhal Club*, n° 68, 1975, pp. 290-304.
ARNAUTOVIC, Marguerite, « Nouveaux aperçus sur Stendhal et Goethe. Stendhal „ détracteur " et débiteur de Goethe », dans : *Actes du XIIIe congrès international stendhalien*, Brunswick 1978, pp. 85-101.
BACHMANN, Manuel/ HOFMEIER, Thomas, *Geheimnisse der Alchemie*, Basel, Schwabe & CO.AG.Verlag, 1999.

BALDENSPERGER, Fernand, « Le dossier stendhalien de Goethe », dans : *Mélanges de philologie d'histoire et de littérature*. Offerts à Joseph Vianey, Paris 1934, pp. 333-343.

BANIER, Antoine, *La mythologie et les fables expliquées par l'histoire*, t. II, Paris, 1738.

BAROCELLI, Francesco (éd.), *Il Correggio nella Camera di San Paolo*, Milano 2010.

BAROCELLI, Francesco, « Il Correggio nel monastero di San Paolo e l'umanesimo monastico di Giovanna Piacenza », dans : Francesco Barocelli (éd.), *Il Correggio nella Camera di San Paolo*, Milano 2010, 223-365.

BARTSCHERER, Agnes, *Paracelsus, Paracelsisten und Goethes «Faust»*, Dortmund, Ruhfus, 1911.

BAUER, Lydia, *Ein italienischer Maskenball. Stendhals « Chartreuse de Parme » und die commedia dell'arte*, Frankfurt am Main, Peter Lang, 1998.

BAUER, Lydia, « De l'enfer aux étoiles. L'idéal de l'amour inaccessible. La conception de l'amour dans *la Chartreuse de Parme* de Stendhal », dans : *L'Année Stendhal*, n°5, Paris, 2006, pp. 173-188.

BAUER, Lydia, *Vom Schönsein. Ideal und Perversion im zeitgenössischen französischen Roman*, Köln, Böhlau, 2010.

BELLEMIN-NOËL, Jean, « Le motif des orangers dans la *Chartreuse de Parme* », dans : *Littérature*, n°5, 1972, pp. 26-33.

BENEDETTO, Luigi Foscolo, *La Parma di Stendhal*, nuova edizione a cura di Riccardo Massano, Milano, Adelphi Edizioni, 1991.

BENTHIEN, Claudia, *Barockes Schweigen. Rhetorik und Performativität des Sprachlosen im 17. Jahrhundert*, München, Wilhelm Fink Verlag, 2006.

BERGHER, Pierre Alain, *Les mystères de La Chartreuse de Parme. Les arcanes de l'art*, Paris, Gallimard, 2010.

BERTHIER, Philippe, « Balzac et *La Chartreuse de Parme*, roman corrégien », dans : Victor Del Litto (éd.), *Stendhal et Balzac*, actes du VIIe congrès international stendhalien, Aran, Éditions du grand chêne, 1972, pp. 157-177.

BERTHIER, Philippe, *Stendhal et ses peintres italiens*, Genève, Librairie Droz, 1977.

BERTHIER, Philippe, *Stendhal et Chateaubriand. Essai sur les ambiguïtés d'une antipathie*, Genève, Librairie Droz, 1987.

BERTHIER, Philippe (éd.), *La Chartreuse de Parme revisitée*. Recherches et Travaux, Université-Grenoble III, hors série n°10, 1991.

BERTHIER, Philippe, « Fabrice ou l'amour peintre », dans : Sybil Dümchen / Michael Nerlich (éd.), *Stendhal : Image et texte*, Tübingen 1994, pp. 175-185.

BERTHIER, Philippe, « Armance. Notice », dans : Stendhal, *Œuvres romanesques complètes*, t. I, préface de Philippe Berthier. Édition établie par Yves Ansel et Philippe Berthier, Paris, Gallimard, Bibliothèque de la Pléiade, 2005, pp. 859-887.

BONARDEL, Françoise, *Philosopher par le feu. Anthologie de textes alchimiques*, Paris, Éditions Almora, 2009.

BRANDENBURG-FRANK, Sabine, *Mignon und Meret. Schwellenkinder Goethes und Gottfried von Kellers*, Würzburg, Königshausen & Neumann, 2002.

BROMBERT, Victor, *La prison romantique. Essai sur l'imaginaire*, Paris, Librairie José Corti, 1975.

BRÜGGEMANN, Diethelm, *Makarie und Mercurius. Goethes Wilhelm Meisters Wanderjahre als hermetischer Roman*, Bern, Peter Lang, 1999.

BRÜGGEMANN, Diethelm, *Kleist. Die Magie: Der Findling, Michael Kohlhaas, Die Marquise von O..., Das Erdbeben von Chili, Die Verlobung in St. Domingo, Die heilige Cäcilie oder die Gewalt der Musik*, Würzburg, Verlag Königshausen & Neumann GmbH, 2004.

BURNETT, Charles, « Astroalchemie », dans : Claus Priesner/Karin Figala (éd.), *Alchemie: Lexikon einer hermetischen Wissenschaft*, München 1998, pp. 65-66.

BUTOR, Michel, « L'alchimie et son langage », dans : Michel Butor, *Répertoire I*, Paris, Éditions de Minuit, 1960, pp. 12-19.

CAZENAVE, Michel (dir.), *Encyclopédie des symboles*, traduction de l'allemand : Françoise Périgaut, Gisèle Marie et Alexandra Tondat, Paris, Librairie Générale Française, 1996.

CENTENO, Yvette Kace, « L'alchimie et le Faust de Goethe », dans : Antoine Faivre/Frédérick Tristan (dir.), *Cahiers de l'Hermétisme. Faust*, Paris, Albin Michel, 1977, pp. 125-144.

CHESSEX, Robert, « Dans la peau de l'arbre. Quelques aspects du rôle psychologique des arbres dans l'œuvre de Stendhal », dans : *Stendhal Club*, n°99, 15 avril 1983, pp. 356-366.

CHOMPRÉ, Nicolas Maurice, *Dictionnaire abrégé de la fable, pour l'intelligence des poëtes, des tableaux & des statues, dont les sujets sont tirés de l'histoire poëtique*, 1745.

CLERICUZIO, Antonio, « Alchemie, neuzeitliche », dans : Claus Priesner/Karin Figala (éds.), *Alchemie: Lexikon einer hermetischen Wissenschaft*. München 1998, pp. 29-36.

COE, Richard N., « Du Corrège à la lutte des classes. L'idéal de la grâce dans la pensée de Stendhal », dans : Victor Del Litto (éd.), *Stendhal et Balzac*, actes du VIIe congrès international stendhalien, Aran, Éditions du grand chêne, 1972, pp. 105-117.

COLET, Annie, « Nuit et lumière dans l'œuvre romanesque de Stendhal. L'influence du romantisme italien », dans : *Stendhal et le romantisme*, actes du XVe congrès international stendhalien (Mayence 1982), textes recueillis par Victor Del Litto et Kurt Ringger avec la collaboration de Mechtild Albert et Christof Weiand, Aran, Éditions du Grand-Chêne, 1984, pp. 299-308.

COLET, Annie, « Le symbolisme de la mort dans l'œuvre romanesque de Stendhal », dans : Jean-Claude Rioux (éd.), *Le symbolisme stendhalien*, actes du colloque universitaire de Nantes, 21-22 octobre 1983, Nantes, Éditions Arts-cultures-loisirs, 1986, pp. 201-208.

CROUZET, Michel, *Le naturel, la grâce et le réel dans la poétique de Stendhal*, Paris, 1986.

CROUZET, Michel, *Le roman stendhalien. La Chartreuse de Parme*, Orléans, Paradigme, 1996.

CROUZET, Michel, *Rire et tragique dans « La Chartreuse de Parme »*, Paris, Eurédit, 2006.

DEL LITTO, Victor (éd.), *Stendhal et Balzac*, actes du VIIe congrès international stendhalien, Aran, Éditions du grand Chêne, 1972.

DEL LITTO, Victor, *Essais et articles stendhaliens. Recueil de textes publiés au cours de quarante ans de stendhalisme*, avec des introductions de Pierre-Georges Castex, Georges Dethan et Ernest Abravanel et une bibliographie, Genève-Paris, Éditions Slatkine, 1981.

DE' ROSSI, Gherardo, « Pitture di Antonio Allegri detto il Correggio esistenti in Parma nel Monistero di S. Paolo », dans : Francesco Barocelli (éd.), *Il Correggio nella Camera di San Paolo*, Milano 2010, pp. 105-117.

DEVECCHI, Alice, « Il ventre del pentagono. Geometria, magia e salute nel lazzaretto di Luigi Vanvitelli », dans : Fondazione Giancarlo Quarta (éd.), *Curare è un'arte*, http://fondazionegiancarloquarta.it/divulgazione/curare-e-unarte.html (dernière consultation : 28.02.2012).

DIDIER, Béatrice, « Rappels, annonces et réitérations du récit », dans : José-Luis Diaz (éd.), *Stendhal. La Chartreuse de Parme ou la « chimère absente »*, actes du colloque d'agrégation des 6 et 7 décembre 1996, Paris, Éditions SEDES, pp. 27-40.

DIEFENBACH, Dieter, *Stendhal und die Freimaurerei. Die literarische Bedeutung seiner Initiation*, Tübingen, Gunter Narr Verlag, 1991.

DRUXES, Helga, *The feminization of Dr. Faustus. Female identity quests from Stendhal to Morgner*, Pennsylvania State University Press, 1993, 23-48.

DÜMCHEN, Sybil/Nerlich, Michael (éds.), *Stendhal. Image et texte/Text und Bild*, Tübingen, Gunter Narr Verlag, 1994.

DÜNTZER, Heinrich, *Goethes Faust. Erster und zweiter Theil. Zum erstenmal vollständig erläutert*, Leipzig 1850.

DURAND, Gilbert, *Le décor mythique de la Chartreuse de Parme. Les structures figuratives du roman Stendhalien*, Paris, Librairie José Corti, 1961.

ELIADE, Mircea, *Forgerons et Alchimistes*, Paris, Flammarion, 1956.

FELMAN, Shoshana, « La „ folie " dans La Chartreuse de Parme », dans : Pierre-Louis Rey (éd.), *Stendhal « La Chartreuse de Parme »*, Paris, Klincksieck, 1996, pp. 145-169.

FEND, Mechthild, *Grenzen der Männlichkeit. Der Androgyn in der französischen Kunst und Kunsttheorie 1750-1830*, Berlin, Dietrich Reimer Verlag, 2003.

FIGALA, Karin, « Newton », dans : Claus Priesner/Karin Figala (éds.), *Alchemie: Lexikon einer hermetischen Wissenschaft*, München 1998, pp. 252-258.

FIGALA, Karin, « Opus magnum », dans : Claus Priesner/Karin Figala (éds.), *Alchemie: Lexikon einer hermetischen Wissenschaft*, München, Verlag C. H. Beck, 1998, pp. 261-263.

FIGALA, Karin, « Quecksilber », dans : Claus Priesner/Karin Figala (éds.), *Alchemie: Lexikon einer hermetischen Wissenschaft*, München, Verlag C. H. Beck, 1998, pp. 295-300.

FIGUIER, Louis, *L'alchimie et les alchimistes ou essai historique et critique sur la philosophie hermétique*, Paris 1854.

FRAZZI, Michele, *Correggio. La Camera Alchemica. The Alchemic Camera*, « Fondazione Il Correggio », 2004.

FULCANELLI, *Le mystère des cathédrales et l'interprétation ésotérique des symboles hermétiques du Grand-Œuvre*, Mansfield Centre, CT 2011.

GASBARRI, Paolo, « La Stanza dell'Aurora nel Palazzo Farnese di Caprarola. Un caso di decorazione alchemico-ermetica », dans : http://www.bibliotecaviterbo.it/rivista/2007_1-2/Gasbarri.pdf/ (dernière consultation : 10.8.2011)

GEBELEIN, Helmut, *Alchemie*, München, Eugen Diederichs Verlag, 1991.

GENTILUCCI, Arcangelo, *Il Gran Palazzo Farnese di Caprarola*, Roma, Spada, 2003.

GOMBRICH, Ernst Hans, « Topos and Topicality in Renaissance Art », dans : http://gombricharchive.files.wordpress.com/2011/04/showdoc21.pdf (dernière consultation : 06.04.2012)

GRAY, Ronald Douglas, *Goethe the alchemist. A study of alchemical symbolism in Goethe's literary and scientific works*, Cambridge, University Press, 1952.

GUYON, André, « Feu et lumière. L'expérience de l'être dans *La Chartreuse de Parme* », dans : Jean-Claude Rioux (éd.), *Le symbolisme stendhalien*, actes du colloque universitaire de Nantes, 21-22 octobre 1983, Nantes, Éditions Arts-Cultures-Loisirs, 1986, pp. 169-187.

HAGEN, Oskar, « La Camera di San Paolo a Parma. Considerazioni sul rapporto tra la pittura e l'architettura del Correggio », dans : Francesco Barocelli (éd.), *Il Correggio nella Camera di San Paolo*, Milano 2010, pp. 119-127.

HAMM, Jean-Jacques, « La mort de Sandrino », dans : Daniel Sangsue (éd.), *« La Chartreuse de Parme ». Chant et tombeau*, actes de la Journée d'agrégation 17 janvier 1997, Grenoble – Université Stendhal, Recherche & Travaux, hors-série n°13, Grenoble 1997, pp. 127-134.

HAMM, Jean-Jacques, « Armance », dans : Yves Ansel/Philippe Berthier/Michael Nerlich (éds.), *Dictionnaire de Stendhal*, Paris, Honoré Champion, 2003, pp. 65-69.

HAMM, Jean-Jacques, « Onomastique », dans : Ansel, Yves/Berthier, Philippe/Nerlich, Michael (éds.), *Dictionnaire de Stendhal*, Paris, Honoré Champion, 2003, pp. 494-496.

HAMM, Jean-Jacques, *Armance, ou la liberté de Stendhal*, Paris, Honoré Champion Éditeur, 2009.

HILD, Heike, « Chaos », dans : Claus Priesner/Karin Figala (éds.), *Alchemie: Lexikon einer hermetischen Wissenschaft*, München, Verlag C. H. Beck, 1998, pp. 97-98.

IMBERT, Henri-François, « Le rouge et le jaune ou de l'affinité élective chez Goethe et Stendhal », dans : Del Litto, Victor/Harder, Hermann (éds.), *Stendhal et l'Allemagne*, Paris, Librairie A.-G. Nizet, 1983, pp. 125-133.

IMBERT, Henri-François, « Philosophie beyliste du lac », dans : Emanuele Kanceff (éd.), *Goethe-Stendhal. Mito e immagine del lago tra settecento ed ottocento*, Genève, Slatkine, 1988, pp. 261-289.

JOLY, Bernard, « Seele », dans : Claus Priesner/Karin Figala (éds.), *Alchemie: Lexikon einer hermetischen Wissenschaft*, München, Verlag C. H. Beck, 1998, pp. 329-330.

Jung, Carl Gustav, « Der philososphische Baum », dans : *Gesammelte Werke*, Lilly Jung-Merker/Dr. phil. Elisabeth Rüf (éds.), Bd. 13, Studien über alchimistische Vorstellungen, Olten, Walter-Verlag, ³1988.

Jung, Carl Gustav, *Psychologie et alchimie*, traduit de l'allemand et annoté par Henry Pernet et le docteur Roland Cahen, Paris, Buchet/Chastel, 2004.

Kanceff, Emanuele (éd.), *Goethe-Stendhal. Mito e immagine del lago tra settecento ed ottocento*, Genève, Slatkine, 1988.

Kliebenstein, Georges, *Enquête en Armancie*, Grenoble, ELLUG, 2005.

Krüger, Reinhard, « Hieronymus in der Tour Farnèse oder die Erfindung der Zeichen », dans : Sybil Dümchen/Michael Nerlich (éds.), *Stendhal. Image et texte/Text und Bild. Colloquium Stendal 11-14 juin 1992*, Tübingen, Gunter Narr Verlag, 1994, pp. 186-212.

Leoni, Margherita, « Vertiges de la sensation : le spectacle impossible de Waterloo », dans : José-Luis Diaz (éd.), *Stendhal. La Chartreuse de Parme ou la « chimère absente »*, actes du colloque d'agrégation des 6 et 7 décembre 1996, Paris : Éditions SEDES, pp. 115-123.

Ligou, Daniel (dir.), *Dictionnaire de la franc-maçonnerie*, Paris, Presses Universitaires de France, 1987.

Long, Kathleen P. (éd.), *Gender and Scientific Discourse in Early Modern Culture*, Surrey/Burlington, Ashgate Publishing Company, 2010.

Long, Kathleen P., « Introduction », dans : Kathleen P. Long (éd.), *Gender and Scientific Discourse in Early Modern Culture*, op. cit., pp. 1-12.

LONG, Kathleen P., « Odd Bodies: Reviewing Corporeal Difference in Early Modern Alchemy », dans : Kathleen P. Long (éd.), *Gender and Scientific Discourse in Early Modern Culture*, op. cit., pp. 63-85.

LONGHI, Roberto, « Il Correggio e la Camera di San Paolo », dans : Francesco Barocelli (éd.) : *Il Correggio nella Camera di San Paolo*, Milano 2010, pp. 129-163.

LUKACHER, Maryline, *Maternal fictions: Stendhal, Sand, Rachilde and Bataille*, Duke University Press, 1994.

MARTINO, Pierre, « La Parme de Stendhal », dans : *Le Divan*, avril-juin 1942, pp. 75-86.

MENDOGNI, Pier Paolo, *Il Correggio e il monastero di San Paolo*, Parma, PPS Editrice, 1996.

MINGUZZI, Edi, *La struttura occulta della Divina Commedia*, Milano, Libri Scheiwiller, 2007.

MONTÉSINOS, Christian, *Dictionnaire raisonné de l'alchimie et des alchimistes*, Bonneuil-en-Valois, Éditions de La Hutte, 2010.

NERLICH, Michael, « Zu Fragen der marxistischen Antike-Rezeption am Beispiel der *Wahlverwandtschaften* und der *Kartause von Parma* », dans : *Zum Problem der Geschichtlichkeit ästhetischer Normen. Die Antike im Wandel des Urteils des 19. Jahrhunderts*, Berlin, Akademie-Verlag, 1986, pp. 55-74.

NERLICH, Michael, *Apollon et Dionysos ou la science incertaine des signes. Montaigne, Stendhal, Robbe-Grillet. Essai sur l'herméneutique à partir du corps vivant et l'aventure de la production esthétique*, Marburg, Hitzeroth, 1989.

NERLICH, Michael, *Stendhal*, Reinbek bei Hamburg, Rowohlt Taschenbuch Verlag, 1993.

NERLICH, Michael, « L'initiation du jeune républicain selon Éleusis ou les quatres chevaux de l'Apocalypse. *La Chartreuse de Parme* et Jean-Charles Dupuis, citoyen français », dans : *Recherches & Travaux*, n°46, Stendhal, la politique et l'Histoire, Grenoble 1994, pp. 103-134.

NERLICH, Michael, « *La Chartreuse* est-elle „ le Prince moderne " ? Sur l'unité retrouvée du texte stendhalien », dans : Pierre-Louis Rey (éd.), *Stendhal. « La Chartreuse de Parme »*, Paris, Klinksieck, 1996, pp. 46-58.

NIMIER, Roger, « Un mariage », dans : *Nouvelle Revue française*, janvier 1962, pp. 165-168.

PANOFSKY, Erwin, *The iconography of Correggio's Camera di San Paolo*, London 1961.

PASSINI, Luciano, *Caprarola. Il Paese e la sua Storia*, ristampa riveduta e corretta dall'autore, Roma, Edizioni Grafiche Manfredi, 2002, ristampa 2008.

PASZTORY PEDRONI, Caterina, « Goethe and Stendhal », dans : *Francia. Forschungen zur westeuropäischen Geschichte*, Bd. 15 (1987), pp. 493-560.

PERITI, Giancarla, « Enigmatic beauty: Correggio's Camera di San Paolo », dans : Giancarla Periti (éd.), *Drawing Relationships in Northern Italian Renaissance Art. Patronage and Theories of Invention*, Aldershot, Ashgate, 2004, pp. 153-176.

PERNETY, Dom Antoine-Joseph, *Dictionnaire mytho-hermétique, dans lequel on trouve les allégories fabuleuses des poetes, les métaphores, les énigmes et les termes barbares des philosophes hermétiques expliqués*, Paris 1787.

PETITOT, Jean, « Waterloo : mythe, scène et décor dans *La Chartreuse de Parme* », dans : Sybil Dümchen / Michael Nerlich (éds.), *Stendhal. Image et texte / Text und Bild*, Tübingen, Gunter Narr Verlag, 1994, pp. 213-270.

PIERSSENS, Michel, *Savoirs à l'œuvre. Essais d'épistémocritique*, Presses Universitaires de Lille, 1990.

POISSON, Albert, *Théories & symboles des alchimistes : le Grand-œuvre ; suivi d'un essai sur la bibliographie alchimique du XIXe siècle*, Paris 1891.

PRIESNER, Claus / Figala, Karin (éds.), *Alchemie: Lexikon einer hermetischen Wissenschaft*, München, Verlag C. H. Beck, 1998.

PRIESNER, Claus, « Blei », dans : Claus Priesner / Karin Figala (éds.), *Alchemie: Lexikon einer hermetischen Wissenschaft*, München, Verlag C. H. Beck, 1998, pp. 80-82.

PRIESNER, Claus, « Farben », dans : Claus Priesner / Karin Figala (éds.), *Alchemie: Lexikon einer hermetischen Wissenschaft*, München, Verlag C. H. Beck, 1998, pp. 131-133.

PRIESNER, Claus, *Geschichte der Alchemie*, München, Verlag C. H. Beck, 2011.

PRINCIPE, Lawrence M., «Caput mortuum», dans : Claus Priesner / Karin Figala (éds.), *Alchemie: Lexikon einer hermetischen Wissenschaft*, München, Verlag C. H. Beck, 1998, pp. 96-97.

PRINCIPE, Lawrence M., « Laboratorium », dans : Claus Priesner / Karin Figala (éds.), *Alchemie: Lexikon einer hermetischen Wissenschaft*, München, Verlag C. H. Beck, 1998, pp. 208-211.

PRINCIPE, Lawrence M., « Lapis philosophorum », dans : Claus Priesner / Karin Figala (éds.), *Alchemie: Lexikon einer hermetischen Wissenschaft*. München, Verlag C. H. Beck, 1998, pp. 215-220.

RAPHAEL, Alice, *Goethe and the Philosopher's Stone*, London, Routledge & Paul, 1965.

REINALTER, Helmut, *Die Freimaurer*, München, Verlag C. H. Beck, ^{6}2010.

REY, Pierre-Louis (éd.), *Stendhal.* « *La Chartreuse de Parme* », Paris, Klinksieck, 1996.

RICHARD, Jean-Pierre, *Littérature et sensation. Stendhal. Flaubert*, Paris, Éditions du Seuil, 1954.

RIOUX, Jean-Claude (éd.), *Le symbolisme stendhalien*, actes du colloque universitaire de Nantes, 21-22 octobre 1983, Nantes, Éditions Arts-Cultures-Loisirs, 1986.

ROSSO, Corrado, « L'esorcismo dell'amore (Stendhal: *Armance*) », dans : Corrado Rosso, *Il serpente e la sirena. Dalla paura del dolore alla paura della felicità*, Napoli, Edizioni scientifiche italiane, 1972, pp. 253-280.

ROSSO, Corrado, « Stendhal, „ Armance ", amulettes et talismans », dans : Corrado Rosso, *Inventaires et postfaces. Littérature française, civilisation européenne*, Paris, Nizet, 1974, pp. 232-242.

ROTH, Oskar, *Hermes und Herminien. Mythologie und Hermetik bei Julien Gracq*, Heidelberg, Universitätsverlag Winter, 1992.

ROY, Philippe, *L'hermétisme. Philosophie et tradition*, Lyon, Éditions du Cosmogone, 2000.

RUSKA, J., *Tabula Smaragdina*, Heidelberg 1926

SANGSUE, Daniel (éd.), *« La Chartreuse de Parme ». Chant et tombeau*, actes de la Journée d'agrégation 17 janvier 1997, Grenoble - Université Stendhal, Recherche & Travaux, hors-série n°13, Grenoble 1997.

SCHLAFFER, Hannelore, *Wilhelm Meister. Das Ende der Kunst und die Wiederkehr des Mythos*, Stuttgart, Metzler, 1980.

SCHLAFFER, Heinz, « Namen und Buchstaben in Goethes *Wahlverwandtschaften* », dans : Norbert W. Bolz (éd.), *Goethes Wahlverwandtschaften. Kritische Modelle und Diskursanalysen zum Mythos Literatur*, Hildesheim, Gerstenberg Verlag, 1981, pp. 211-229.

SCHMITT, Armin, *Wende des Lebens: Untersuchungen zu einem Situations-Motiv der Bibel*, Berlin 1996.

SCHÜTT, Hans-Werner, *Auf der Suche nach dem Stein der Weisen. Die Geschichte der Alchemie*, München, Verlag C. H. Beck, 2000.

SCHÜTT, Hans-Werner, « Aristotelismus », dans : Claus Priesner / Karin Figala (éds.), *Alchemie: Lexikon einer hermetischen Wissenschaft*, München, Verlag C. H. Beck, 1998, pp. 59-61.

SERVOISE, René, « Le merveilleux dans la *Chartreuse de Parme* », dans : *Revue d'Histoire Littéraire de la France*, novembre-décembre 1999. 99ème année, n°6, pp. 1191-1208.

SHIMOKAWA, Shigeru, « Le motif des oiseaux dans *La Chartreuse de Parme* », dans : *Stendhal Club*, n°127, 15 avril 1990, pp. 282-292.

SZYDLO, Zbigniew, « Hermes Trismegistos », dans : Claus Priesner / Karin Figala (éds.), *Alchemie: Lexikon einer hermetischen Wissenschaft*, München, Verlag C. H. Beck, 1998, pp. 173-176.

THÉODORIDÈS, Jean, *Stendhal du côté de la science*, préface d'Ernest Abravanel, Aran, Éditions du Grand Chêne, 1972.

THOMPSON, Christopher W., *Le jeu de l'ordre et de la liberté dans « La Chartreuse de Parme »*, Aran, Éditions du Grand-Chêne, 1982.

THOMPSON, Christopher W., « Les clefs d'*Armance* et l'ambivalence du génie romantique du Nord », dans : *Stendhal Club*, n°100, 15 juillet 1983, pp. 520-547.

THOMPSON, Christopher W., « *Armance* et la représentation du mâle depuis Rousseau », dans : Katherine Astbury / Marie-Emmanuelle Plagnol-Diéval (éds.), *Le mâle en France 1715-1830. Représentations de la masculinité*, Bern, Peter Lang, 2004, pp. 305-317.

USHIDA, François Yoshitaka, *L'Énigme onomastique et la Création romanesque dans « Armance »*, Genève, Librairie Droz, 1987.

VAN DEN BERK, Matheus Franciscus Maria, *The Magic Flute. Die Zauberflöte. An Alchemical Allegory*, Leiden 2004.

WARNING, Rainer, *Die Phantasie der Realisten*, München, Wilhelm Fink Verlag, 1999.

WEBER, Jean-Paul, *Stendhal. Les structures thématiques de l'œuvre et du destin*, Paris, Société d'Édition d'Enseignement supérieur, 1969.

WEIAND, Christof, « La symbolique du chiffre 3 dans *La Chartreuse de Parme* », dans : Jean-Claude Rioux (éd.), *Le symbolisme stendhalien*, actes du colloque universitaire de Nantes, 21-22 octobre 1983, Nantes, Éditions Arts-Cultures-Loisirs, 1986, pp. 135-144.

WENDT-ADELHOEFER, Andrea, « Zum Umgang Stendhals mit Szenenbildern aus dem Theater Racines », dans : Sybil Dümchen / Michael Nerlich (éds.), *Stendhal. Image et texte / Text und Bild. Colloquium Stendal 11-14 juin 1992*, Tübingen, Gunter Narr Verlag, 1994, pp. 271-282.

WENDT-ADELHOEFER, Andrea, *Stendhal und die Klassik. Untersuchung der Stendhalschen Produktions- und Rezeptionsästhetik vor dem Hintergrund der Ästhetik des klassischen französischen Dramas im 17. Jahrhundert*, Frankfurt am Main, HAAG + HERCHEN, 1995.

WIETHÖLTER, Waltraud, « Legenden. Zur Mythologie von Goethes *Wahlverwandtschaften* », dans : *Deutsche Vierteljahrs Schrift für Literaturwissenschaften und Geistesgeschichte*, 56. Jahrgang, Heft 1 / März. Stuttgart 1982, pp. 1-64.

WITTSTOCK, Antje, *Melancholia translata. Marsilio Ficinos Melancholie-Begriff im deutschsprachigen Raum des 16. Jahrhunderts*, Göttingen, V&R unipress, 2011.

ZELLER, Rosmarie, « Metaphorische Verschlüsselung alchemistischer Prozesse. Zur Bildlichkeit in Knorrs *Conjugium Phoebi et Palladis* und Monte-Synders *Metamorphosis Planetarum* », dans : *Morgen-Glantz. Zeitschrift der Christian Knorr von Rosenroth-Gesellschaft*, Sulzbach-Rosenberg, 17 / 2007, pp. 115-144.

Œuvres

AFFÒ, Ireneo, *Ragionamento sopra una stanza dipinta dal Correggio nel monastero di monache benedettine di S. Paolo a Parma*, 1794.

BALZAC, Honoré de, *Œuvres complètes*, t. XXVIII, Paris, Guy Le Prat, 1963.

BALZAC, Honoré de, *La Recherche de l'Absolu*, introduction, notes et dossier par Éric Bordas, Paris, Librairie Générale Française, 1999.

CICÉRON, *De la nature des dieux,* livre II, traduction française précédée d'une introduction sur le stoïcisme et la religion de Cicéron, avec un résumé analytique du livre par E. Maillet, Paris 1887.

DUMAS, Alexandre / NERVAL, Gérard de, *L'alchimiste*, Paris, Dumont, 1839.

ECKERMANN, Johann Peter, *Gespräche mit Goethe in den letzten Jahren seines Lebens. 1823-1832*, 2. Teil, Leipzig 1837.

GOETHE, Johann Wolfgang, « Faust », dans : Johann Wolfgang Goethe, *Sämtliche Werke nach Epochen seines Schaffens*, Münchner Ausgabe, Karl Richter in Zusammenarbeit mit Herbert G. Göpfert, Norbert Miller und Gerhard Sauder (éds.), Bd. 6.1, herausgegeben von Victor Lange, München, Carl Hanser Verlag, 1986.

GOETHE, Johann Wolfgang, « Die Wahlverwandtschaften », dans : Johann Wolfgang Goethe, *Sämtliche Werke nach Epochen seines Schaffens*, Münchner Ausgabe, Karl Richter in Zusammenarbeit mit Herbert G. Göpfert, Norbert Miller und Gerhard Sauder (éds.), Bd. 9, herausgegeben von Christoph Siegrist, Hans J. Becker, Dorothea Hölscher-Lohmeyer, Norbert Miller, Gerhard H. Müller und John Neubauer, München, Carl Hanser Verlag, 1987.

GOETHE, Johann Wolfgang, « Wilhelm Meisters Lehrjahre », dans : Johann Wolfgang Goethe, *Sämtliche Werke nach Epochen seines Schaffens*, Münchner Ausgabe, Karl Richter in Zusammenarbeit mit Herbert G. Göpfert, Norbert Miller und Gerhard Sauder (éds.), Bd. 5, herausgegeben von Hans-Jürgen Schings, München, Carl Hanser Verlag, 1988.

GOETHE, Johann Wolfgang, « Faust. Der Tragödie zweiter Teil », dans : Johann Wolfgang Goethe, *Sämtliche Werke nach Epochen seines Schaffens*, Münchner Ausgabe, Karl Richter in Zusammenarbeit mit Herbert G. Göpfert, Norbert Miller, Gerhard Sauder und Edith Zehm (éds.), Bd. 18.1, herausgegeben von Gisela Henckmann und Dorothea Hölscher-Lohmeyer, München, Carl Hanser Verlag, 1997.

GOETHE, Johann Wolfgang, *Romans*, traductions et notes par Bernard Grœthuysen, Pierre du Colombier et Blaise Briod, Paris, Éditions Gallimard, Bibliothèque de la Pléiade, 1954.

GOETHE, Johann Wolfgang, *Théâtre complet*, édition établie par Pierre Grappin avec collaboration d'Éveline Henkel, Paris, Éditions Gallimard, Bibliothèque de la Pléiade, 1988.

HUGO, Victor, *Notre-Dame de Paris 1482, Les travailleurs de la mer*, textes établis, présentés et annotés par Jacques Seebacher et Yves Gohin, Paris, Éditions Gallimard, Bibliothèque de la Pléiade, 1975.

LA FONTAINE, Jean de, *Les Amours de Psyché et de Cupidon, suivies d'Adonis, poëme*, t. I, Paris, Librairie Théophile Belin, 1899.

LANZI, l'Abbé, *Histoire de la peinture en Italie, depuis la renaissance des beaux-arts, jusques vers la fin du XVIIIe siècle*, traduite de l'Italien sur la 3e édition, par Mme Armande Dieudé, t. III, Paris 1824.

MILLIN, Aubin-Louis, *Voyage dans le Milanais, à Plaisance, Parme, Modène, Mantoue, Crémone, et dans plusieurs autres villes de l'ancienne Lombardie*, t. II, Paris, 1817.

MONTAIGNE, Michel de, *Les Essais*, édition établie par Jean Balsamo, Michel Magnien et Catherine Magnien-Simonin, Paris, Éditions Gallimard, Bibliothèque de la Pléiade, 2007.

NOTHOMB, Amélie, *Mercure*, Paris, Albin Michel, 1998.

NOTHOMB, Amélie, *Acide sulfurique*, Paris, Albin Michel, 2005.

NOTHOMB, Amélie, *Barbe bleue*, Paris, Albin Michel, 2012.

RACINE, *Théâtre complet*, suivi d'un choix de ses épigrammes concernant son théâtre avec une préface, des notices et des notes par Maurice Rat, Paris, Garnier Frères, 1953.

TASSO, Torquato, *Opere*, vol. IV, *L'Aminta e rime scelte di Torquato Tasso*, Milano, Società tipografica de' classici italiani, 1824.

WIELAND, Christoph Martin, *Briefwechsel*, Bd. 18, 1. Teil (Oktober 1809-Januar 1813), bearbeitet von Klaus Gerlach und Uta Motschmann, Berlin, Akademie Verlag, 2004.

YOURCENAR, Marguerite, *L'Œuvre au Noir*, Paris, Gallimard, 1991.

Table des Illustrations

Je remercie les titulaires des droits de reproduction de m'avoir accordé l'autorisation de reproduire les illustrations dans cette publication ainsi que toutes les personnes m'ayant fourni ces illustrations. Par ordre alphabétique, j'aimerais remercier les institutions et représentants suivants : bpk Bildagentur für Kunst, Kultur und Geschichte ; Centro Studi e Ricerche di Caprarola et notamment son président Luciano Passini ; Deutsche Fotothek ; Kantonsbibliothek Vadiana de St. Gallen ; Ministero per i Beni e le Attività Culturali, Soprintendenza per i Beni Architettoni e Paesaggistici per le province di Roma, Frosinone, Latina, Rieto e Viterbo et Enrico Ciavoni qui est également le photographe de la fresque de la voûte de la Chambre d'Aurore du Palais Farnèse de Caprarola ; Soprintendenza BSAE di Parma e Piacence, son Archivio Fotografioco et Annarita Ziveri.

Nous avons entrepris toutes les démarches possibles afin de déterminer les droits de propriété des images figurant dans ce livre. Si des erreurs avaient été commises, celles-ci seraient involontaires et seront corrigées dans le cas où il y aurait une nouvelle édition pourvu que la maison d'édition en soit informée en bonne et due forme.

Ill. 1 : Borgo P. Giordani, Parme. Photo Peter Waibel.
Ill. 2 : Borgo P. Giordani, détail, Parme. Photo Peter Waibel.
Ill. 3 : Diana, Camera di San Paolo, Parma. Avec l'aimable autorisation du Ministero per i Beni e le Attività Culturali – Soprintendenza BSAE di Parma e Piacenza. Photo Peter Waibel.

Ill. 4 : Fortuna, Camera di San Paolo, Parma. Avec l'aimable autorisation du Ministero per i Beni e le Attività Culturali – Soprintendenza BSAE di Parma e Piacenza.

Ill. 5 : Serapide, Camera di San Paolo, Parma. Avec l'aimable autorisation du Ministero per i Beni e le Attività Culturali – Soprintendenza BSAE di Parma e Piacenza.

Ill. 6 : Le tre Parche, Camera di San Paolo, Parma. Avec l'aimable autorisation du Ministero per i Beni e le Attività Culturali – Soprintendenza BSAE di Parma e Piacenza.

Ill. 7 : Saturno, Camera di San Paolo, Parma. Avec l'aimable autorisation du Ministero per i Beni e le Attività Culturali – Soprintendenza BSAE di Parma e Piacenza.

Ill. 8 : Pan, Camera di San Paolo, Parma. Avec l'aimable autorisation du Ministero per i Beni e le Attività Culturali – Soprintendenza BSAE di Parma e Piacenza. Photo Peter Waibel.

Ill. 9 : Ouroboros, gravure de Lucas Jennis dans : *De Lapide Philosophico* (1625). Wikimedia Commons.

Ill. 10 : Geläuterter Hermaphrodit (verwandeltes Quecksilber) zwischen Sonnen- und Mondbaum, dans : *Buch der heiligen Dreifaltigkeit*, 1488, Ms. 428, Kantonsbibliothek Vadiana St. Gallen.

Ill. 11 : Hermès Trismégiste dans : Daniel Stolz von Stolzenberg, *Viridarium chymicum*, 1624. Wikimedia Commons.

Ill. 12 : Hermes alquimico dans : Achille Bocchi, *Symbolicarum quaestionum*, 1555. Wikimedia Commons.

Ill. 13 : Extrait de l'Alchimie de Flamel, par le Chevalier Denys Molinier « pensionnaire du Roy, amateur de la Science hermétique », XVIIIe siècle. Wikimedia Commons.

Ill. 14 : Symbole alchimique du soufre, dessin : Lydia Bauer.

Ill. 15 : Athanor. Wikimedia Commons.

Ill. 16 : Gefäßsystem zur Destillation von Alkohol, Johann Andreas Endter, Verleger, 1685. SLUB Dresden/Deutsche Fotothek/df_tg_0006130.
Ill. 17 : Emblème 38 dans : Michael Maier, *Atalanta Fugiens*, 1617. Wikimedia Commons.
Ill. 18 : Emblème 11 dans : Michael Maier, *Atalanta Fugiens*, 1617. Wikimedia Commons.
Ill. 19 : Emblème 8 dans : Michael Maier, *Atalanta Fugiens*, 1617. Wikimedia Commons.
Ill. 20 : Emblème 1 dans : Michael Maier, *Atalanta Fugiens*, 1617. Wikimedia Commons.
Ill. 21 : Emblème 34 dans : Michael Maier, *Atalanta Fugiens*, 1617. Wikimedia Commons.
Ill. 22 : Jacopo Zucchi, *Portrait of a Lady*, env. 1570. Wikimedia Commons.
Ill. 23 : Pianta del Vignola del 1559 dell'Archivio di Stato di Parma. Prot. N. 917/V.9.3, 08.03.2013.
Ill. 24 : Gaspar van Wittel, *The Castel Sant'Angelo (Rome) from the South*, 1690. Wikimedia Commons.
Ill. 25 : Gaspar van Wittel, *Villa Farnese at Caprarola*, entre 1720 et 1725. Wikimedia Commons.
Ill. 26 : Man with decapitated corpse dans : *Splendor Solis*, 1582. © bpk/British Library Board/Robana.
Ill. 27 : Knight standing on fountains dans : *Splendor Solis*, 1582. © bpk/British Library Board/Robana.
Ill. 28 : Gabinetto dell'Ermatena (volta), Palazzo Farnese di Caprarola. Avec l'aimable autorisation de la Soprintendenza per i Beni Architettonici e Paesaggistici per le Province di Roma, Frosinone, Latina, Rieti e Vierbo. Prot. N. 06568, 25.02.2013. Photo Peter Waibel.

Ill. 29 : Stanza dei Sogni (volta), Palazzo Farnese di Caprarola. Avec l'aimable autorisation de la Soprintendenza per i Beni Architettonici e Paesaggistici per le Province di Roma, Frosinone, Latina, Rieti e Vierbo. Prot. N. 06568, 25.02.2013. Photo Peter Waibel.

Ill. 30 : Schlafender Hermaphrodit. © bpk/RMN – Grand Palais/ Hervé Lewandowski.

Ill. 31 : Theosophische Darstellung zur Alchemie, 1678, Hermann von Sand, Verleger, 1678. SLUB Dresden/Deutsche Fotothek/df_tg_0007148.

ROMANISTIK

Band 1 Juan Cuartero Otal / Gerd Wotjak (eds.): Algunos problemas específicos de las descripción sintáctico-semántica. 370 Seiten. ISBN 978-3-86596-004-7. EUR 34,80

Band 2 Rainer Zaiser (Hg.): Literaturtheorie und *sciences humaines*. Frankreichs Beitrag zur Methodik der Literaturwissenschaft. 256 Seiten. ISBN 978-3-86596-164-8. EUR 29,80

Band 3 Alexandra Kratschmer / Merete Birkelund / Rita Therkelsen (éds): La polyphonie: outil heuristique linguistique, littéraire et culturel. 262 Seiten. ISBN 978-3-86596-176-1. EUR 29,80

Band 4 Anke Grutschus: Strategien der Musikbeschreibung. Eine diachrone Analyse französischer Toneigenschaftsbezeichnungen. 394 Seiten. ISBN 978-3-86596-241-6. EUR 49,80

Band 5 Norbert Ankenbauer: „das ich mochte meer newer dyng erfaren". Die Versprachlichung des Neuen in den *Paesi novamente retrovati* (Vicenza, 1507) und in ihrer deutschen Übersetzung (Nürnberg, 1508). 360 Seiten. ISBN 978-3-86596-310-9. EUR 39,80

Band 6 Carmen Mellado Blanco, Patricia Buján Otero, Claudia Herrero Kaczmarek, Nely Iglesias Iglesias, Ana Mansilla Pérez (eds.): La fraseografía del S. XXI. Nuevas propuestas para el español y el alemán. 300 Seiten. ISBN 978-3-86596-291-1. EUR 39,80

Band 7 Cornelia Klettke / Georg Maag (Hg.): Reflexe eines Umwelt- und Klimabewusstseins in fiktionalen Texten der Romania. Eigentliches und uneigentliches Schreiben zu einem sich verdichtenden globalen Problem. 480 Seiten. ISBN 978-3-86596-279-9. EUR 49,80

Frank & Timme

Verlag für wissenschaftliche Literatur

ROMANISTIK

Band 8 Bettina Lindorfer/Solveig Kristina Malatrait (Hg.): Alter(n) in der Stadt/Vieillir en ville. Sprach- und literaturwissenschaftliche Beiträge aus Romanistik und Germanistik. Mit einem Geleitwort von Jürgen Trabant. 216 Seiten. ISBN 978-3-86596-410-6. EUR 29,80

Band 9 Lydia Bauer/Kristin Reinke (Hg.): Colère – force destructive et potentiel créatif. L'émotivité dans la littérature et le langage. Wut – zerstörerische Kraft und kreatives Potential. Emotionalität in Literatur und Sprache. 322 Seiten. ISBN 978-3-86596-386-4. EUR 34,80

Band 10 Imre Gábor Majorossy: „Ab me trobaras Merce" – Christentum und Anthropologie in drei mittelalterlichen okzitanischen Romanen. *Jaufré, Flamenca, Barlaam et Josaphat.* 258 Seiten. ISBN 978-3-86596-379-6. EUR 29,80

Band 11 Lydia Bauer: Diane et Mercure. L'alchimie à l'œuvre dans *La Chartreuse de Parme* de Stendhal. 248 Seiten. ISBN 978-3-86596-505-9. EUR 29,80

T Frank & Timme

Verlag für wissenschaftliche Literatur